中国式管理

全集·全新

曾仕强 著

北京大学出版社

内 容 提 要

多年来，凡是有中国人的地方，愈具管理实务经验的人士，愈会对中国式管理产生热烈的共鸣。中国式管理是指以中国管理哲学来妥善运用西方现代管理科学，并充分考虑中国人的文化传统及心理行为特性，以获得更为良好的管理效果。本书强调管理是以安人为目的，因而更具有包容性；以《易经》为理论基础，合理地因应"同中有异，异中有同"的人事现象；主张从个人的修身做起，然后才有资格从事管理，而事业只是修身、齐家、治国的实际演练。这些理论都为提升管理效果提供了新思路。

图书在版编目(CIP)数据

中国式管理：全集·全新 / 曾仕强著. -- 北京：北京大学出版社, 2025.6. -- ISBN 978-7-301-36195-5
Ⅰ. F279.23
中国国家版本馆CIP数据核字第2025EW4045号

书　　　名	中国式管理：全集·全新 ZHONGGUOSHI GUANLI: QUANJI·QUANXIN
著作责任者	曾仕强　著
责任编辑	杨　爽
标准书号	ISBN 978-7-301-36195-5
出版发行	北京大学出版社
地　　　址	北京市海淀区成府路205号　100871
网　　　址	http://www.pup.cn　　新浪微博：@北京大学出版社
电子邮箱	编辑部 pup7@pup.cn　总编室 zpup@pup.cn
电　　　话	邮购部 010-62752015　发行部 010-62750672　编辑部 010-62570390
印　刷　者	涿州市星河印刷有限公司
经　销　者	新华书店
	720毫米×1020毫米　16开本　16印张　258千字 2025年6月第1版　2025年6月第1次印刷
印　　　数	1—6000册
定　　　价	99.00元

未经许可，不得以任何方式复制或抄袭本书之部分或全部内容。
版权所有，侵权必究
举报电话：010-62752024　电子邮箱：fd@pup.cn
图书如有印装质量问题，请与出版部联系。电话：010-62756370

序

是否存在中国式管理这一课题，一直备受大家关注。按照中国人的观点，其是否存在并不重要，关键在于其是否能产生功效。

促成台湾省20世纪70年代经济奇迹的因素固然很多，平心而论，中国式管理的贡献也十分重要。尽管有些人嘴上不承认，心里却有数，这也是一种"中国式"的表现。

科学无国界，从管理科学的层面来看，不存在所谓的中国式管理，当然也就没有什么美国式、日本式的区分。大家都一样，在不同的地区，应用相同的管理科学。

哲学则不一样，不同地区具有不同的风土人情，管理必须与当地的风土人情结合在一起，才能够获得更好的效果，所以各地区的管理哲学也不同。从管理哲学的层面来考察，大概谁也不会否定中国式管理的存在。

中国式管理严格来说只是中国式管理哲学，并没有发展出一套不同于西方现代化管理的管理科学。呈现在大家面前的这本书，就是对中国式管理哲学的探讨。

以中国式管理哲学来妥善运用现代管理科学，就是我们心目中真正的中国式管理，其目的只有一个——用得有效。

中国式管理哲学从来不把自己关在象牙塔里。它不但具有实用性，而且早已将艰深的哲理化为通俗的俚语，流传得相当普遍。笔者从20世纪80年代开始整理并推广中国式管理，这三十多年来，凡是有中国人的地方，尤其是那些具有管理实践经验的人士，都对中国式管理产生了强烈的共鸣，大家纷纷表示自己一向是这样做的，只是平日里知其然而不知其所以然，心中缺乏自信，因此敢做而不敢言。

21世纪是中国式管理哲学与西方管理科学相结合并获得发扬的时代，两者缺一，中国式管理都将跛足难行。学过西方现代化管理的人士，若能平心静气地看待中国式管理，必能百尺竿头，更进一步，将现代化管理运用得更加有声有色。深入了解中国式管理，可以对当前的管理方式演变及未来的趋势有更清晰的洞察，对于把握未来方向、稳固自身发展有很大助益。

研究中国式管理哲学，必须对古圣先贤抱有崇高的敬意，没有他们的辛勤耕耘，便没有今日的丰硕成果；也要对列祖列宗抱有虔诚的谢忱，没有他们的用心传承，就不可能有今日的宝贵经验。

经济振兴，当然是好事情，而预先消灭经济振兴之后的种种弊端，则需要及早认识中国式管理哲学，这是我们用心推出这本著作的真正用意。尚祈各界贤达，不吝赐教为幸。

曾仕强

序于兴国管理学院

前言

❖ 研究具有华人特性的管理学的必要性

一方面追求全球化,一方面重视本土化,看似矛盾,却已经成为当代不可抵挡的趋势。

西方的科技已经将全世界紧密联系起来,知名的世界品牌行销全球。在政治以外的各个领域,正如英国历史学家汤因比(Arnold Joseph Toynbee,1889—1975)生前所预言的那样,世界按照西方的意图和模式发展,出现了全球一致的生活形态。

汤因比指出:将来统一世界的,大概不是西欧国家,也不是西欧化的国家,而是中国。因为在政治方面,两千多年来,除了极为短暂的特殊时期,中国政府一直维持整体的统一局面。事实上自公元前221年迄今,中国始终是影响半个世界的中心。他认为,尽管西方在全球化方面具有重大而明显的成就,但中国仍然将在政治上统一世界,并带来共同的和平。

自古以来,中国式管理便以"安人"为最终目的。历史可以证明,中国人的战争概念是以战止战,目的在于获得和平。中国人所认定的政治成就,就是和平共处。

怎么才能安人呢?加拿大在美国的北边,十分担心遭到美国文化的兼并;伊斯兰教的原教旨主义,一直努力反击来自西方的影响;世界各地纷纷加强对本土文化的重视。这种种现象,都是不安的表现。亚洲金融危机期间,美国一再以其超级强国的地位进行干涉,阻碍亚洲经济亚洲化,使许多亚洲人对美国由直觉的怀疑转变为强烈的反感。长期的历史经验表明,西方管理由于缺乏安人的理念,较难维持长期统一的状态。

中国人知道,安人来自更宽广的包容性。历史上的皇帝,除了绝对禁止造反和不缴纳粮食，对于宗教、语言、风俗、习惯，通常采取十分宽容的态度。也就是说，要充分尊重本土文化，使不同的族群在中国境内得以和平共处。在大一统的格局下，允许存在不同的地区或民族差异，"同中有异，异中有同"，然后进一步求同存异，不严苛地要求大家完全一致。

从管理的角度来观察，早期的美国式管理要求"不变"，一切依照规定，不能够自行变更。权变理论出现以后，又要求"变"，一切求新求变，好像不变就会落伍，就会被淘汰。这种"变就要变得彻底"而"不变就应该坚持不变"的两极化作风，缺乏包容性，因而不能达到安人的目的。

尽管世界各地在看得见的生活形态上逐渐趋于一致，但是在看不见的意识形态上仍然保持各自的文化特色。魁北克的街道禁用英文标志；新加坡教人民讲了二十多年英语后，又开始推广汉语教育；贸易、旅游、影视越普及，各地区就越执着于传承传统的语言、宗教、文学和艺术。越大同越重视小异，管理哲学必须具有更宽广的包容性，才能满足这种矛盾的需求。

中国式管理应用《易经》的道理，充分掌握"阴中有阳，阳中有阴"的自然规律，来合理因应"同中有异，异中有同"的人事现象，与世界大同的远景尤为契合。

在儒家思想的主导下，中国式管理主张从个人的修身做起。每一个人都要先把自己管好，成为组织中有用的一分子，然后才有资格来从事管理。个人修治好后，下一步是家庭，必须将自己所属的家庭安顿好，才能够进一步治理国家。一个人如果连自己的家庭都管不好，哪里有资格、有能力去处理国家大事？官员的家庭出问题，常常影响官员自身仕途，这就是"先齐家后治国"道理的体现。

中国人把事业当作修身、齐家、治国的实际演练。在中国人心目当中，一个人的社会地位和经济成就，很大程度上要视其担任的职位而定。学而优则仕，努力求取学问，目的在于获得一份拥有相当权力的职位。中国人认为政治是社会、经济、法律甚至宗教的基础，这种观念一直到今天也并没有太大的改变。

"成家立业"的意思是建立家庭、创立事业，而创立事业的首要目的则是养家。一个人在结婚之前，尚在修身阶段，难免知识不足、性情不定、行动不稳，此时应寻找一位优秀的领导或老师，跟着他学习。结婚之后，必须尽到自己的责任，一方面齐家，一方面立业，使自己的小家庭经济稳固。

中国人把治国的最终目标定为平天下。然而，世界各国文化存在多样性，不可能采用完全一致的标准来要求每一个国家，只有求大同存小异才能够平天下，这是中国长久以来能够维持统一的根本原因。中国人一直以平天下为己任，并把公民道德教育当作政府的一项基本责任，这是世界上其他文化所欠缺的。近四百年来中国的没落，可以说是没有做好修身、齐家、治国、平天下的教育和实际工作，而不是中国式管理哲学本身出了差错。

当中国尚局限在黄河谷地时，传统的中国式管理便已经充分展现其效能。后来中国逐渐扩张，成为世界大国之一，这一套中国式管理方法仍然表现得十分优异。特别是在以西方化为现代化趋势的潮流中，中国式管理方法发挥着强大的力量。

一些西方学者对中国文化很感兴趣，十分热衷于研究儒家思想。然而，大多数西方学者都以西方的观点来理解儒家的思想，无法真正了解中国人的本意。就算是中国人自己提出来的论说，也很难摆脱这种偏颇的标准。很多"中国通"实际上对中国文化并没有深入的了解，这是中西文化交流中的重大障碍。

全球化必须兼顾本土化，中国式管理的历史悠长，不容许任何人否定。因此，对于中国式管理的研究，在全球化的进程中显得尤为迫切。特别是中国市场广阔、经济发展迅速，如何与中国人做生意，更是企业界非常重视的课题，必须深入、细致地进行探讨。

为什么要研究具有华人特性的管理学？

1. 化解全球化与本土化的必然矛盾

中国式管理具有更宽广的包容性，越大同越重视小异，以"阴中有阳，阳中有阴"的自然规律来合理因应"同中有异，异中有同"的人事现象。

2. 以"修、齐、治、平"的次序来促成世界大同

人人重视修己，并站在齐家的立场来修治自己，然后站在治国的立场来齐家，再以平天下的立场来治国，务使小团体不违反大团体的目标，自然大同。

3. 以事业作为"修、齐、治、平"的实际演练

在职场中修己，并且遵循"修、齐、治、平"的历程向前迈进，无论达到哪一阶段，皆以修身为本，务求在不忘本的大前提下，提升管理效果。

❖ 西方学者对中国式管理的误解

尽管西方学者热衷于研究中华文化,对中国的政治、社会、经济有一定的了解,但是,站在中国式管理的视角,我们可以列举出若干明显的误解,现说明如下。

1. 认为中国的政治过于一元化,具有独裁倾向

《易经》系统中,一切归于太极,这一观念影响着中国人的大一统思想。天无二日,人不事二主,好像所有的事物都应该"定于一"。事实上,《易经》系统主张"阴中有阳,阳中有阴",任何事物都是动态的"一分为二"(太极生两仪)、"二合为一"(阴阳合为太极),而不是静态的一元论。我们可以把《易经》系统看成"一之多元化"——看起来像一元,实际上包含多元。

中国自古以来,独裁的皇帝并不多见,而且往往迅速被推翻。民众所爱戴的皇帝,没有一个是独裁的。

2. 认为中国人没有原则,几乎每件事情都采用独特的处理方式,令人难以预料

的确,在中国社会,对于同一件事情,其处理方式往往会因时间、人物、地点不同而有所差异。但是这并不意味着中国人没有原则,相反,中国人一直十分重视原则,而且相当坚守原则。因此,有人说"没有原则就是最好的原则",这种说法似是而非,不足以反映中国人的原则。

中国人有原则,同时重视根据时间、人物、地点及具体事件做出合理的调整,既不是一成不变地死守原则,也不是随心所欲地变换原则。中国人有一套"持经达变"的智慧,能够以不变应万变,做到有原则地应变。可惜现代许多中国人并未理解这一智慧,反而传播了许多相反的观点,为西方人提供了许多不正确的资讯,使西方人更难了解中国人,也使新一代中国人因受到误导而越来越不明白自己的做法,盲目地跟着西方人曲解自己的原则。

3. 认为中国人一味怀念过去的光荣,无法积极地求新求变,达成现代化的目标

事实上,中国人把时间划分为过去、现在、未来三个阶段,在这三者之中,中国人最重视的是现在。好汉不提当年勇,意思是过去的光荣事迹已经成为过去,无须一再提起。中国人只有在谈论祖先的事迹时,才会描绘得十分光荣,目的不在于夸耀过去,而在于激励子孙不要给祖先丢脸,要奋发图强,力争上游。

中国人不明着说求新求变，实际上却不断地求新求变。至于现代化，中国的现代化和西方的现代化存在差异，不能以西方的标准来衡量中国的现代化。

4. 认为中国人没有制衡的观念

中国人不喜欢公开的制衡，因为这是一种对领导者不信任的表现，一方面，这会使领导者没有面子；另一方面，制衡的力量可能被滥用，导致勒索、分赃等行为出现。中国人讲求不公开的制衡，领导者在人事安排、资源分配上，必须将各方势力平衡好，以免引起不平之鸣，影响到整体的和谐与稳定。由领导者主动处理这些问题，不仅能让领导者显得很有面子，还能让各方知道自己和其他势力之间的微妙关系，促使他们谨慎行事，若是任何一方趁机勒索，可能会迅速削弱自身势力。因此在相对合理的情况下，各方会彼此合纵、连横，以求增强自己的势力，在下一次平衡时获得更大的优势。

一般民众依附在各方势力之间，以"西瓜偎大边"（注：台湾俗语，字面意思是吃西瓜时选择较大的一半，引申为在各种情境中选择对自己有利的一方）的方式，找到对自己最为有利的靠山，来维护自己的权益。中国社会以家庭为中心，各种势力互相牵扯，自然达到了制衡的效果。

5. 认为中国式的权威是无条件服从

中国人讲求彼此彼此、互相互相，几乎都是对等的关系，很少会无条件服从他人。

但是，从表现上看，中国人相当服从，对于上级的指示，往往都会赞同。但实际上，在表面赞同的同时，内心却不一定认同，只是中国人不喜欢也不习惯于当时就把内心的感受说出来。他们可能默默地不按照上级的指示去做，对中国人而言，这并不是欺骗上级，反而是尊敬上级的表现。

不当面顶撞，却暗地里自己调整，看起来十分服从，实际上有自己的主见，这才是中国人的真实写照。中国人重视权威，但并不敬重权威，当然不可能绝对服从。

6. 认为中国人非常重视形式和礼节

事实上，中国人相当务实，厌恶繁文缛节。从某些角度来看，中国人显得很"没有礼貌"，因为他们讲求实际的效益，不在乎一些表面上的东西。中国人的形式和礼节，深究起来，都有相当大的意义。例如，婚礼的主要目的在于加强这一对新人的责任感，如此隆重在于表明一生只有一次，次数多了大家都痛苦不堪。对中国人而言，礼仪的实际意义应该重于形式，可惜许多现代中国人行而不知，导致外国人产生了误解。

西方学者大多认为西方的父亲用温柔的爱意来对待子女，中国的父亲则以严厉的态度来对待子女，使子女难以感受到父爱。这正可以证明中国人的爱表现在实际行动上，而不在表面上。

7.认为中国人永远都在寻求团体的归属感

如果这种看法是正确的，那么中国人应当十分团结，而非一盘散沙。中国这么大，中国人又有强烈的归属感，理应成为世界各国畏惧的强国。然而实际上，中国人只有依附感，没有普遍性的归属感。从依附感转化为归属感，是有效领导的成果，但是一旦环境发生变化，或者彼此的互信互赖关系发生变化，归属感会立即退回到依附感，这是中国人随机应变、因时制宜的表现。

8.认为中国人不允许存在不同的意见，不喜欢接纳不同的声音

许多在台湾地区居住很久、对中国人相当熟悉的西方人，都认为中国人缺乏讨论的习惯，不愿意发表不同的意见，几乎一讨论就吵架，最终不欢而散。

实际上，中国人很希望听到不同的意见，认为忠言必然逆耳，有不同的意见才能够集思广益，找到更好的方案。只不过中国人不喜欢公开辩论，或者在讨论中提出不一样的主张。中国人比较喜欢在私下单独说出不同的意见，而且还要讲究沟通的技巧，让对方听得进去，乐于接受。中国人往往在会前、会后比较容易沟通，开会的时候反而很不容易沟通。

9.认为中国式管理只适用于秩序井然、高度稳定的社会，不适用于快速变迁的情境

事实上，中国式管理的源头是《易经》，《易经》原本也叫作《变经》，其核心在于探讨并掌握变化的规律。后来由于有人认为"变有百分之八十是不好的，只有百分之二十才是良好的"，才将《变经》更名为《易经》，提醒人们不要为变而变、一心求变，以免越变越糟。中国人在求新求变之外，找出了"不易"的道理，发展出一套"以不变应万变"的理论。然而，许多现代中国人对此并不理解，因而导致西方人产生误解。中国式管理的应变能力，实际上毋庸置疑。

10. 认为中国人习惯把过错推给别人，不喜欢由自己来负责

从表现上看，一些中国人确实如此。实际上，这样的中国人把责任推给别人，只不过是为了维护自己的面子，在表面上稍作抵挡。而私底下，他们会自己检讨、努力改进，这才是真正的自我反省。

真正的责任，应该由谁负责就由谁负责，谁也推不掉。先在表面上推卸，有时是为了对自己人比较好交代，同时不在公开场合连累自己人，至于结果如何是以后的事情。这种虚推实省的做法，也是《易经》中阴阳互动的道理。

怎样帮助西方人了解中国式管理？

1. 自己先进行比较深入的了解，以避免被误导

西方人常常通过中国人来了解中国式管理，这原本是正常有效的途径。然而能够和西方人有效沟通的中国人，经常以西方人的视角来看中国式管理，很容易严重误导西方人。

2. 中西方的思维方式不一样，必须慎为明辨并妥为运用

西方人常采用二分法来思考，习惯于二选一。而中国人常采用三分法，用二合一来代替二选一。因此在阐述中国式管理时，最好先明确这一点，再进行深入说明。

3. 深一层思考中国人的道理才能明白其原本的用意

中国人的道理，必须经过深一层的思考，才能知其所以然。一般人只看表面，便直接下结论，这种做法不仅会影响自己的认知，而且会误导他人。

❖ 研究具有华人特性的管理学的时代意义

中国人相信风水，认为地脉、山势、水流等环境会影响人的吉凶祸福，同时认为风水轮流转，一个地方兴盛一段时间之后就会衰落，经过若干时间之后，又会再度兴盛起来。

依据中国历史记载，大约每隔700年，中华民族就会出现一次大兴盛的繁荣景象，而且一次比一次更为宏大。

第一次大兴盛出现在公元前8世纪，当时周朝天子广泛分封诸侯，这些诸侯共同拥戴周朝王室，形成了封建的统一。周公摄政7年，建立了很多卓越的制度，使

周朝成为当时华夏文明的代表，是中国有史以来首个繁荣盛世。

第二次大兴盛出现在公元前1世纪，汉武帝刘彻颁布推恩令，加强中央集权，建立了一套系统、完整的政治制度，并采取强硬的措施应对频繁入侵的匈奴，使大汉王朝威名远播，成为十分强盛的帝国。

第三次大兴盛出现在公元7世纪，唐太宗李世民和他的曾孙唐玄宗李隆基先后缔造了大唐帝国的盛世，国力雄厚，独步亚洲。唐太宗的贞观之治更是闻名于世。唐代的律令不仅集前代之大成，而且成为东亚诸国法典的蓝本，对当时的非汉族社会也产生了很大的影响。

第四次大兴盛出现在公元14世纪，明太祖朱元璋出身平民，历经十余年推翻元朝的统治，恢复汉族王朝。其创业之艰难、胜利之迅速，在中国历史中仅有这一次。他以家族道德为中心，致力于再兴汉族，推进了汉族的中兴大业。

以上四次大兴盛的间隔，刚好是700年左右。风水轮流转，每700年一转，史有明证。

公元14世纪再加700年，正好是21世纪。当我们听到"21世纪是中国人的世纪"的时候，会不会想起以上史实，认为这是一种统计上的推算呢？

中国和西方不同。西方文明的核心开始时为希腊人，然后转变为罗马人，接着为拉丁人、日耳曼人、斯拉夫人等，他们各自建立了不同的国家。中国则自周朝以来，一直是中国人的中国。每一次的兴盛，都依据同一种和平精神和一致的管理大道。

周朝由中央的周室制定制度，然后向全国各地的诸侯推行。如果不能获得诸侯共同的拥戴，哪里能够达成封建的统一？后来西周式微，诸侯不听从周室号令，周朝解体，中国就衰落了。秦朝起而统一，由于偏离了和平精神和修、齐、治、平的管理大道，并没有造就太平盛世。汉朝继起，重振和平精神与修平大道，这才大为兴盛。唐朝和明朝，也都重视和平与修、齐、治、平的管理，因而振衰为盛。

可见，中国式管理对历史上中国的兴盛和衰落有深远影响。应用得合理有效，即造就诸如西周、汉朝、唐朝和明朝的兴盛；应用得有所偏差或效果不佳，也导致许多时期的衰落。不过，起落的周期相当明显地以700年为间隔，证明中国式管理应用得是否合理有效，也和时势的变化有十分密切的关系。

21世纪的主要趋势，已经明显地表现为快速的全球化，而且无可置疑地以西方的硬件作为全球化的表征，凡是看得见的部分，几乎都已经按照西方的意图进行统一。但是，21世纪的另一个主要趋势，则是纷纷兴起的本土化意识，这造成了一方面要求全球化、另一方面却重视本土化的分歧与矛盾出现。换句话说，当前全球化的最大阻碍，乃是西方的软件设计不像硬件那样容易被全球所接受。问题出在看不见的部分，使得西方的意识难以统一全世界。

中国人的阴阳文化，认为有阴即有阳，两者虽属矛盾，却可以化解，而不必冲突、对立、分裂。中国人一向明白：没有矛盾，就不可能有变化；而没有变化，就根本不能进步。全球化和本土化看似矛盾，却可以兼顾并重。全球化是大同，本土化则是小异。中国式管理以世界大同为目标，实际上尊重各地区的小异，世界大同即为世界大同小异，而非世界完全统一。中国在5000年的历史中，可以说没有百分之百地统一过，因为中国人的包容性表现在尊重并包容少数的小异上。

西方人崇拜英雄，采用强势的英雄式领导，却号称民主。中国人并不崇拜英雄，任何强势的英雄式领导不久就会被推翻，却被界定为不民主的专制。

中国人倡导圣贤式的领导，人们钦仰圣贤的高明、博厚和仁爱，才自发地拥戴他。表面上看来圣贤高高在上，好像十分具有权威性；实际上圣贤若是不亲民爱物，人们就会唾弃他，使他再也得不到人们的拥护。5000年的历史已经证明中国人不用西方式的制衡，照样可以改朝换代，把不满意的领导者推下去。中国和西方各有不同的生存方式，不必刻意求同。

现代西方人看到中国科技、生活水平相对落后，便以为中国处处不如西方，应该全面西方化才能实现现代化。但是回想四五百年以前，中国有一段相当长的时期科技领先于欧洲。难道中国人首先发明火药，却用它来制作爆竹供人玩乐是不对的，而欧洲人把它制成杀人的枪弹反而是正确的吗？中国人认为，科技应该用在对人类有利的地方才能造福人类，不能用科技来制造对人类有害的武器。到今天为止，这仍然是科技界应该重视的人道精神。

不过，中国人经历了科技落后的痛苦后，已经积极投身于学习、加强科技研究。据预测，到2050年左右，中国的科技水平将再次领先世界。到那时全球科技更为发达，如果不能践行中国式管理修己安人的精神，恐怕人类被高度发达的科技所毁灭的可能性会越来越高。如果继续采取西方的理念，认为科技的研究是中性的，不涉及道德善恶，为追求利润，只要合法就不加以限制，那么科技的发展势必威胁人类的生存。更可怕的是，剧烈的竞争使得人类的思考呈现出"一时性"，只要能快速获利便立刻投入市场，以求先把钱赚到手，忽略未来可能产生的后遗症。这种急功近利的做法，使得许多未经细心验证、缺乏长期测试的言论和产品大量出现，不但给人类造成了身心危害，而且严重地动摇了人们原有的价值观和生活方式，对社会的安定和谐极为不利。这时候采用中国式管理，把管理和伦理结合在一起，才更有可能让世界和谐、繁荣。

21世纪的主流价值，不应该聚焦于精良的武器，而应该以文化为重点，把全球化和本土化的文化兼容并蓄，彼此兼顾并重。中国式管理，足以承担这样的重大责任。

目录

第一章 管理的基本概念

第一节 管理是修己安人的历程　004

第二节 修己的要旨在自觉、自律与自主　009

第三节 安人的目的在于人安己安　012

第四节 以『明哲保身』为根本理念　015

第五节 善用『推、拖、拉』来化解问题　019

第六节 寓人治于法治　023

第二章 管理的思想形态

第一节　太极是一种自然流行的状态　030

第二节　把二看成三才能跳出二分法的陷阱　036

第三节　有法中无法而无法中却有法　042

第四节　以交互主义为哲学基础　046

第五节　合理追求圆满　049

第六节　用化解代替解决　052

第二章 管理的三大主轴

第一节　以人为主、因道结合并依理而变　061

第二节　人伦关系十分重要　064

第三节　多元化社会更需要共识　066

第四节　依理应变，以求合理　069

第五节　志同道合才能合理应变　072

第六节　人人都合理地阳奉阴违　075

第四章 树状的组织精神

第一节 树状有机系统 081

第二节 避免上侵下职 086

第三节 下属要安上司的心 089

第四节 职位越高弹性就应越大 092

第五节 委曲求全的策略联盟 095

第六节 因人设事的组织原则 098

第五章 随时调整的计划方式

第一节 边做边修改 … 104

第二节 大智大慧做决策 … 107

第三节 以止、定、静、安、虑、得为过程 … 110

第四节 必须治标和治本并重 … 113

第五节 至诚可以前知 … 116

第六节 提出计划后应合理坚持 … 118

第六章 无为的执行过程

- 第一节 站在落实计划的立场来执行 124
- 第二节 认清计划的可变与不可变原则 127
- 第三节 发挥无为的领导精神 129
- 第四节 以团队精神来突破难关 132
- 第五节 检讨执行的缺失，作为下次计划的参考 135
- 第六节 采取全面、无形的控制 137

第七章 有效的考核要领

第一节　先建立『对并没有用』的考核标准　143

第二节　要求大家『在圆满中分是非』　146

第三节　抱持『救人而非杀人』的心态　148

第四节　采取『综合考虑』的原则　151

第五节　鼓励大家『反求诸己』　154

第六节　要诀在『明暗、大小兼顾并重』　157

第八章 圆满的沟通艺术

第一节 妥当性与真实性 162

第二节 以不明言为基础 166

第三节 采取不同的申诉方式 168

第四节 最好做到『会而不议』 171

第五节 用『议而不决』来达成一致 173

第六节 『决而不行』才能及时应变 176

第九章 圆通的领导风格

第一节　领导比管理更重要 … 183

第二节　通过核心班子好办事 … 186

第三节　凝聚员工的共识 … 189

第四节　防止小人当道 … 194

第五节　用情、理、法来领导最为合理 … 198

第六节　最高境界在于促使下属自动自发 … 201

第十章 合理的激励方式

第一节 随时随地都应该激励 …… 208

第二节 先求忠诚再求能力 …… 211

第三节 逐渐提升安、和、乐、利的层次 …… 214

第四节 由安员工而安顾客 …… 218

第五节 激励大家重视兼顾 …… 221

第六节 情境配合激励大家随机应变 …… 224

结语 …… 228

后记 …… 231

第一章 管理的基本概念

管理是修己安人的历程。修己的具体表现，是促进组织成员的自觉、自律与自主。

推、拖、拉只是做事的一种方式，本身并没有好坏，效果是否理想，完全取决于运用的人动机是否良好、方式是否合理。

中国式管理主张人治大于法治，寓人治于法治中，人人自然地、自发地、自动地守法重纪。

什么是管理？这个问题不应该也不可能有固定的答案，因为每一个人对管理的认知和体会各不相同。但是，一个人对管理的看法反映了这个人的价值观。我们提供的管理概念，列举如下。

管理是修己安人的历程。

一个人在管人之前，必须先把自己管好。修己的要旨在于自觉、自律与自主。

安人的核心是己安人也安。

以明哲保身为根本理念，事业顺遂、家庭美满、身体健康、心情愉快、信誉良好，要兼顾并重。

采用合理的推、拖、拉来化解问题，大化小，小化了，可以使问题处理过程轻松愉快。

寓人治于法治，把人治和法治合起来看，而不是分开来看。

很多人以为中国人只重做人不重做事，或者习惯于先把人做好再谈把事做好，其实不然，我们必须做人做事兼顾并重，这才是良好的管理。

做好人本身的价值不高，能够把好事做出来，才有真正的贡献。有人才有事，有好人才能做好事，这是修己安人的深一层用意。

第一节　管理是修己安人的历程

管理是一种历程，起点是修己，终点则是安人。

任何一个人都应该从自己做起，把自己修治好，再通过做人做事来使大家安宁。

管理一方面讲求伦理道德，另一方面追求管理效益。管理是外在的伦理，而伦理是内在的管理，两者密不可分。

在管理的历程中，通过好好做人来把事做好。在职场中修炼自己，逐渐提高自己的认知层次，完成修、齐、治、平的人生任务。

要了解这种具有华人特性的管理学，从对中国式、美国式、日本式管理的比较当中，可以有深切的体会。

因为现代化管理是从美国发源的，所以我们先从美国式管理说起。

美国式管理，再怎么讲，都脱离不了从"我要"到"我成"的历程（见图1-1）。"我要"代表目标管理（Management By Objectves，MBO），"我成"代表成果管理（Management By Results，MBR）。在这个历程中，由"我"订立目标，由"我"去执行，最后得到成果，若成果和目标十分接近，甚至百分之百达成或超越目标，就会获得奖励，否则就要接受惩罚，有时还会面临被裁员的风险。整个管理历程体现

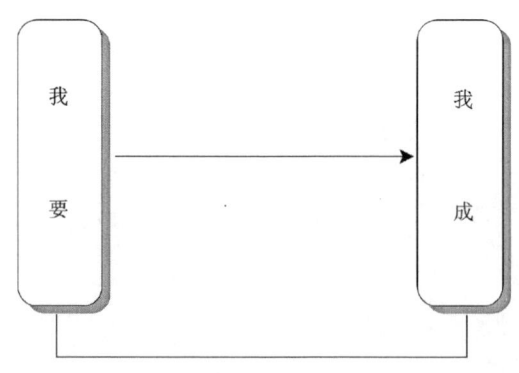

图1-1　美国式管理

了"优胜劣汰,适者生存"的进化规律,以"竞争"为手段,拿"数据"做标准,来分出胜负、判定"死活"。

日本式管理和美国式管理刚好相反,日本式管理是一种"同生共荣"的历程(见图1-2)。"同生"代表"一起进入公司的同辈","共荣"代表"大家共同分享的荣誉"。要同生就要有同死的觉悟,要培养出"同生共死"的交情,共同奋斗,绝不临阵脱逃。"共荣"也要有"共辱"的准备,因此日本企业的管理追求团体的荣誉,不计较个人的荣辱,整个管理过程充满了"大和魂"的"爱团体精神",以"一家人"为号召,以"互助"为手段,拿"不事二主"做标准,来一致对外,奋战到底。

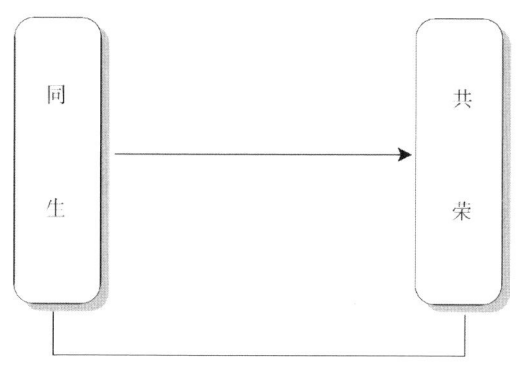

图1-2 日本式管理

那么中国式管理呢?对于一些中国人来说,目标即便可以达成,有时候可能也不敢达成,因为他们心里清楚:一旦这次达成目标,下一次目标就会提高,结果必然是"逼死"自己,何苦来哉!

而且,在有些企业或机构,达成目标不一定能获得奖励,未达成目标也不一定会受到惩罚。或同样是获得奖励,奖励的内容不一样,有时多有时少,经常会把自己弄得一肚子火气;同样是受惩罚,标准也不一致,有时严苛有时宽松,好像大家都在碰运气。

成果的评量也不可靠:生意好做的时候,闭着眼睛业绩也很高,这样的成果,得来不费吹灰之力,有什么稀奇?生意不好做的时候,竭尽全力业绩依然不高,评量标准设置得再精确,又有何用?

例如,同样的行业和岗位,有人做成一笔生意,轻轻松松就赚了大钱;有人费尽心思,疲于奔命,做成十几笔生意,结果赚到的钱并不多。种种事实都表明业绩评量结果其实代表不了什么，至少不足以代表一个人的努力程度。

依中国人的观点，目标和成果固然很重要，却不是管理的全部，充其量只是管理的一部分。中国人不会否认目标和成果的重要性，但是也不会将目标和成果作为管理的重点。

中国人也不接受"同生共死"的观念："同生"只是一种机缘，一同进入公司是缘，然而进来之后，就应该各凭本事、自创前程才对，为什么要将大家拉扯在一起？每个人都追求"同年之中我最行"，哪里肯"同年同倒霉"呢？

"共荣"当然很好，不过有一个先决条件，就是"让我沾一点光"。中国人讲求"合理"，沾太多光大概没有人愿意，因为相差太远，迟早会被揭穿、出洋相；沾一点光，则表示两人相去不远，稍微踮起脚便能一般高，当然不能也不必过分辞让。

若是别人依样画葫芦，也来沾我的光，标准依然如此，只是稍微严苛一些：差不了多少的，我会让他沾光，秉持有福同享的态度；差得太多，我不仅不让他得利，还会让他称一称自己到底有几斤几两。

同生共荣，中国人并不是不赞成，而是应该有一些弹性，让各人自行斟酌决定。究竟要同生共荣到什么程度，才是最重要的课题。

美国式管理或日本式管理并没有什么不对，中国人也大多能够接受。中国人的包容性，使得我们通常不排斥任何主张。我们的基本态度是既不赞成也不反对，反正说归说，做归做，他人如此主张，未必就会真的这样做，有什么可急的呢？中国人在美国公司工作，说的都是美国式管理的话；在日本公司工作，说的也都是日本式管理的话。一方面是入乡随俗，另一方面则是唯有如此才不会吃亏。而实际运作起来，这些管理模式调整来、调整去，大多都会被调整得很契合中国人的工作风格。这种现象在台湾地区的美企和日企中都可以找到大量的例证。

中国人可以实施目标管理，也可以搞得它名存实亡。对于成果管理，中国人同样具有这样的能力。

我们能够同生共荣，也能够各人自扫门前雪，莫管他人瓦上霜，怎么说都可以，怎么做都行。反过来，也可能是怎么说都不可以，怎么做都不行。

那么，中国式管理的意义是什么呢？我们要不要对准目标全力以赴，能不能接受成果的评量，愿不愿意同生共荣，完全取决于我们"安"和"不安"。"安"的影响是正面的，而"不安"的影响则是负面的。

"安"的时候，中国人积极而奋发，对准目标全力以赴，高高兴兴地接受成果评量，既照顾同年，礼待资深，也愿意共享荣誉，大家乐在一起。"不安"的时候，同年不同年又有什么关系？自己都顾不上，哪还能分享、共享什么荣誉？

"安"的观念，长久以来影响着中国人。这个单字含义颇深，必须用心体会才能够明白它的意义。如果用词汇来表示"安"，名词多用"安宁"，动词可用"安顿"，而对管理来说，则用"安人"为妥。

要安人必先修己，不修己则无以安人。所以中国式管理简单来说，就是"修己安人"的历程（见图1-3）。修己代表个人的修治。中国人不喜欢被管，特别是不喜欢被连自己都管不好的人管。不喜欢被管就应该自己管好自己，这便是自律，也就是修己；对于那些连自己都管不好的管理者，人们常常抱怨这种人管不好自己，还想来管人？这表示每一个人在管人之前，必须先把自己管好，也就是需要自律。可见管理者和被管理者，都应该修己。

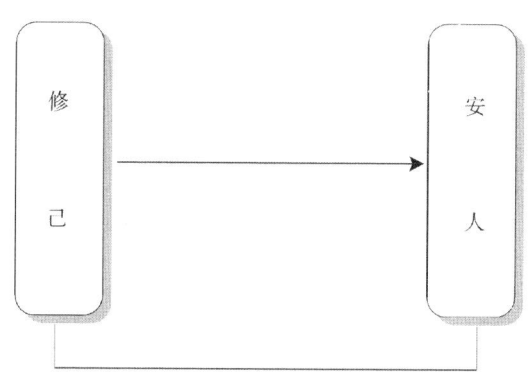

图1-3　中国式管理

修己安人是伦理，同时也是管理。中国式管理的整个历程，充满了"伦理道德"，以"彼此彼此"为原则，拿"圆满、圆融、圆通"做标准，各人立于不败之地，发挥推己及人的力量，分中有合，而合中又有分，谋求安居乐业，互敬、互惠，各得其安。

修己的意思是修炼自己，而不是改变他人。有些人花费大量的时间和精力，试图去改变别人，这种错误的方向浪费了很多管理成本。管理者若是一心一意想要改变他人，被管理者就会保持高度警惕，不是全力抗拒，便是表面假装接受，实际上坚持自己的看法。管理者先修己，用心改变自己，让被管理者受到感召，自觉改变，更为有效。

用高压的政策要求被管理者改变，并不符合安人的要求，也就是不符合人性化管理的要求，被管理者就会以各种理由加以抗拒。

管理者先求修己，使被管理者也受到影响，自觉修己；双方都修己，互动起来自然更加合理。人人自求合理，才是最有效的管理。

第二节 修己的要旨在自觉、自律与自主

修身、齐家、治国、平天下的大道中，为什么没有立业这个重要的项目？这并不是古圣先贤的疏忽，更不是因为往昔经济不繁荣、各行各业不发达，而是透露出一个非常重要的信息：发展事业，本身没有什么目的，在经营事业的过程中"修身、齐家、治国、平天下"才是人生使命，否则事业再发展，经营再有利，又有何用？

既然管理是修己安人的历程，一切以修己为起点，那么修己就是管理者的必备修养，不但不可等闲视之，而且不能只是口头上说说，实际上不重视。

修己、修己，要修些什么呢？最主要的莫过于下述三点。看似十分简单，却委实不容易做到。

第一，自觉。当别人对我们客气时，我们必须提高警惕，自动讲理。不管对方怎么说，我们都要尽快"衡情论理"，表现出合理的态度和行为，以求合情合理。

做人最要紧的，固然是讲道理。但是理不易明，道理往往很难讲。有时候我们认为自己的行为相当合理，而对方却并不认同，认为我们并不讲理。这时候，对方会客气地提醒我们，希望用点到为止的方式来促使我们自行调整。

中国人说"没有关系"的时候，多半含有"有关系"的意思。我们听到这一句客气话，千万不要以为真的没有关系，而应该依据"一定有关系"的标准来调整自己的态度和行为，对方才能够以"没有关系"开始，也愉快地以"没有关系"来收场。

若是听到"没有关系"这一类的客气话，便以为自己真的十分有福气，碰到一位"没有关系"的朋友，那就是不够自觉，错将客气当作福气。结果呢？对方以"没有关系"开始，却以"有关系"结束，最终彼此都不愉快。对方的意思其实相当明显："为什么我对你这么客气，你竟然这么不讲道理？遇到这种不知自觉的人，我真不

知道应该采用什么方式来和你互动。"

中国人讲求"由情入理",便是喜欢通过"给足面子让他自动讲理"的途径,以客气的口吻来点醒对方:"最好赶快清醒过来,自觉地讲理,以免闹得彼此都下不了台。"有了面子及时自动按照道理去做,叫作自觉;有了面子,误认为对方一点也不介意,不知道尽快调整自己,甚至得寸进尺,便是不自觉。

第二,自律。当我们不满意别人的表现时,不可以直接指责他,也不能够立刻和他讲道理。最好先给他面子,用情来点醒他,使其自动讲理,合理地调整自己的言行。

任何人都有糊涂的时候,不知不觉地表现出不合理的行为。对于这种无心的过失,如果马上加以指责,对方就会认为我们对他存有偏见,明明是无意的,也要曲解成有意。基于"彼此彼此"的交互原则,一旦对方认为我们已经把他当作有心犯错的人,他可能就会将错就错,以"看你能把我怎么样"的态度应对。这种态度,虽然是一种恼羞成怒的不正常反应,但是人性使然,往往克制不了自己。反省一下,其实是我们不够理智,直接把对方看成有恶意的人,这才引起他的反感,我们自己其实也有相当的不是。

当一个人不够清醒、做出不正当的行为时,立即和他讲理,很容易激起他的自我防卫心理,居于"公说公有理,婆说婆有理"的"理不易明",说出一些歪理,然后又因为话已经说出口,不得不坚持维护自己的面子,变得更加强词夺理。这种反应固然并不合理,但是我们在对方心理上尚未准备好的时候急着去和他讲道理,也应该负起一定的责任。

我们希望别人由情入理,先给我们面子,再来引导我们自动讲理。将心比心,别人也抱有同样的期待。所以指责他人之前,先把指责的话吞下去,换一个方式,用"同情心"(有些人害怕"情"字,可以改称为同理心,其实对中国人而言,两者是一样的。中华文化是世上少有的有情文化,中国人不应该怕情,不妨仍然称为同情心,更富有人情味)来化解对方的敌意,比较容易获得合理的结果。要和对方讲道理,不要忘了先给足对方面子,这是中国人有情的表现,至为珍贵,不要轻易忘掉。

处处克制自己,时时提醒自己,任何人都可能有糊涂的时候,不可以一下就把他逼到死胡同里,使他没有自动改正的机会。这种态度称为自律,适度地自我管理,可以减少许多无谓的麻烦，节省大量时间和精力。

第三，自主。时刻提醒自己，必须以自动自发的精神，来维护自己的自主性；一旦处于被动状态，处处依赖他人的指示，就会丧失自主的权利，成为一个难以自立的人。

人具有自主性，可以自行决定自己是自动还是被动。若是选择自动，仍然能够保持自己的自主性；若是选择被动，便要接受他人的支配和指使，逐渐丧失自主性。

我们所向往的，是自由自在的生活。如果不能自动自发，怎么谈得上自由自在？我们所期盼的，是安宁愉快的生活，若是不能自主，安宁愉快又从何而来？人的尊严，寓于自主自立，假如丧失自主性，不能自立，这个人的尊严将荡然无存。

人都喜欢自动，只是不敢、不能或不愿意自动。不敢的原因是每次自动都动得不够令人满意，惹来许多麻烦；不能的原因在于实力不足，自动起来没有把握；而不愿意自动的原因则在于心有不平，认为自己受了委屈，已经够倒霉了，为什么还要自动？

不敢、不能或不愿意自动，结果都是自己遭受其害。因为不自动必然引发他动，外来的压力越大，对自己越不利。

自动改变不敢自动的原因，也就是磨炼自己，使自己每自动必圆满，哪里有不敢的道理？自动消除不能自动的障碍，提升自己的能力，使自己有足够的把握随时随地都能够恰到好处地自动，哪里有不能的道理？自动提升自己的自动意愿，认清"天底下哪里有绝对公平的事情"，如果已经绝对公平，那么"公平"一词就失去了存在的意义。我们日复一日呼吁公平，要求公平，说明公平仍然离我们相当遥远。中国人所讲求的，不应该是公平不公平的问题，而是"有能力的人，自然会得到他想获得的东西"，自己没有能力，应该反省改进，怎么可以一味责怪别人呢？

自动自发才能够自主，依赖他人，就只能接受他人的指使，越来越不能自主，也就对自己越来越没有信心。中国人的自主性特别强，喜欢自作主张，更应该自动自发，以维护自己所重视的高度自主性。

自觉的要点是自动讲理，自律的要点是给足他人面子，自主的要点是拥有自动自发的精神，这便是修己的三大要领。

第三节　安人的目的在于人安己安

人生的最高追求是安宁。

修、齐、治、平的目的，归根结底是为了实现个人、家庭、国家与世界的安宁。

站在修己安人的立场，计划明确未来几年如何安人，组织聚合安人的力量，领导发挥安人的潜力，而控制则确保未来几年得以安人。所有管理措施，无一不与安人有关。

如果不能安人，修己不过是独善其身，谈不上管理。

管理是修己安人的历程，修己的具体表现，在于促进组织成员的自觉、自律与自主。通过组织成员的自主，实现人安己安，发挥管理的最大效能。

安或不安，有"生存"与"生活"两个层面。生存受到威胁的时候，就谈不上生活；而生活不安，也得不到生存的乐趣。必须在两个层面都获得一定程度的安宁，人们才会安居乐业，安心愉快地把工作做好。

安人的目的在于同心协力，把组织成员的力量汇集起来，产生"和"的品质，达到"万事成"的效果。从"和"当中发出的"合力"，才是真正的"同心"，组织成员好像一家人一样，自然"家和万事成"。

"和"是中国人的"整体"概念，从"量"的方面来看，把"部分"加起来，就会成为"整体"；而从"质"的方面来看，便会发现"整体大于部分的总和"。

人与人之间，难免会有差异，我们把它叫作"个别差异"。差异就是"不同"，君子"和"而"不同"，善于管理的人，能够把"不同"的心和力结合在一起，产生"和"的力量。小人"同"而"不和"，不善于管理的人，只在表面上要求大家服从，"同"到没有差异，却始终发挥不出"和"的实力，这应该被视为"不和"。

烹调的时候，用水来煮水，煮来煮去，还是只有水；弹琴的时候，总是重复弹一个音调，听起来必然单调乏味；同样地，人聚集在一起，如果所有人都一模一样，丝毫没有差异，辨识起来势必十分困难。

用水煮蛋，可能煮出可口的蛋花汤；弹各种不同的音调，可能弹奏出动听的乐曲；不同的人聚集在一起，才有可能"和"成一个整体。

《荀子·王制》指出："人何以能群？曰：分。"人的力量没有牛那么大，跑起来不像马那么快，而牛马反而为人所用，主要是因为人能够合群，有"组织"的概念，而牛马则没有。但是人为什么能够合群呢？答案是人有"分"的观念，知道彼此存在不同，而非完全相同。

安人的基础，在于人人自觉，各有其分，并且各守其分。只有"人人各守其分"，才可能"和合为一"。

有组织，便应该有分工。分工事实上是一种"分"，把每一个人的本分工作翔实而明确地列举出来。这种"数量"上的分工，经常出现"三不管地带"，难以形成"合作"的整体性，因此在列举各人的本分工作之后，应加上一条"其他"，作为"性质"上的分工，任何"三不管地带"，都属于人人有责的范围，必须机动调补，以维护"和合为一"的整体性。

分工之后，能合作则人人都安宁，不能合作则人人都不安宁。所以《荀子·王制》中说："分何以能行？曰：义。""义"便是合理，怎样分工才能达到合作的效果呢？只有"合理"一途。

组织成员，分工分到合理的程度后，依"其他"来互相支援，也做到了"合理"。合理就是"不过分"，所以也是一种守"分"的表现。这样的分工协作，必然能够缔造良好的组织力，产生"和"的作用。

除了分工，中国人的"分"，特别重视"位"的区分，也就是亲疏、上下、尊卑、贵贱的不同。这种职位、地位上的差异，构成了我们的伦理体系。

要求人安己安，必须重视伦理，形成分工之外的另一种守"分"。伦理可以看作"人与人之间的矛盾关系"，这种关系必须维持一定程度的"和"，也就是和谐，才能在"相反相成"中兴盛发达。

人类社会由许多具有"个别差异"的人所组成，如果每一个人都任由自己的"个别差异"发展，势必产生矛盾，甚至产生冲突。所以应鼓励人人都修己来缩小彼此的差异，建立共同的道德标准，这正是社会健全发展的必要措施。

修己有成的人聚集起来，加以合理的分工，在共同的目标下各自扮演不同的角色，则是在"组织"的名分下，加上一些人为的矛盾，并且进一步求其"调和"，这就是管理中"安人"的功能。

管理的历程，着重"同中求异，异中求同"，也就是"有矛盾时加以调和，没有矛盾时制造若干矛盾"，使相同的产生差异，使有差异的趋于相同。

中国人深知"没有矛盾，不可能产生变化；而没有变化，就不可能进步"的道理，为求提升管理的效能，中国人特别重视"职场伦理"，因此会在工作场景中添加若干名分、地位的矛盾，并且把它们限制在"合理"的范围内，以求调和，增强"和合为一"的"安人"效果。

"安人"的目标是固定的，但是具体状况则是变化的，必须根据当时的人、事、地、物来衡量，采取不同的"安人"措施，才能见效。中国人被误认为"做事不讲原则""凡事五分钟热度"，其实是"有原则却必须权宜态度"的表现所引起的误解。

"安人"的原则不变，但"安人"的措施必须随"时、空"而调整，这种调整被有些人误解为没有原则。随着看不懂的人越来越多，正当的权宜应变也被嘲笑是没有原则、随心所欲，甚至被诋毁为投机取巧，实在是十分冤枉。

安人的措施实施一段时间之后，又会产生不安的情况，不调整不行，而一调整又被指责为"五分钟热度"，可见"看不懂的人，偏要讥笑内行人"才是安人的最大障碍。

把部分加起来往往不等于整体，分工并不能达到合作的效果也是常见的情况。安人就是要把部分"和"起来，"和"成一个整体，而且要达到"整体大于部分之和"的效果。通过"己安"和"人安"，来实现"人安己安"的"和谐"。

若希望组织成员同心协力，必须让他们关心整体目标；而要让他们关心整体目标，又非要让他们彼此交心不可。要求组织成员交心，第一原则是设法使他们开心，这样说来，安人的历程，便是"由开心而交心，借交心而共同关心，然后产生同心"的一连串"心"的变化，所以对中国人来说，管理是"心连心"的过程，而安人则是"心连心"的结果，应无疑义。

第四节　以"明哲保身"为根本理念

现代管理已经造成一些"过劳死"的问题：为了追求利润、效率、绩效或效益，竟使人过度劳累，以致死亡，这样以身殉职的情形，当然不是从事经营管理的人所愿意看到的。

可是有很多人已经在不知不觉间掉入这种不良管理的陷阱。就算躲过生理上的伤害，心理上的失衡也必须妥善调整。

中国历史悠久，却令人越谈越伤心，因为看来看去，都是治少乱多，太平日子不长久，争权夺利却永无终结。

人人都以"终结者"自居，却不料自己常常又成为另一个"创始者"，引发更为可怕的暴乱。

我们观察到，自古以来的当权者似乎都会经历同样的三个阶段：初创阶段，大家都是兄弟，而且是好兄弟，好话固然乐于听闻，坏话也会被视为逆耳的忠言、苦口的良药，感激接受；巩固阶段，开始有主流与非主流之分，被认为靠得住的人，会被加以重用，因为好人本来就不多，不用这些人用谁？而被认为不可靠的人，越能干越要加以迫害，以免夜长梦多，日后成为威胁；衰落阶段，任何人都被怀疑，好像好人也会随时变成坏人，不得不时刻警觉。

当权者的这种心态原本十分正常，人心善变，谁敢随便相信别人？谁又敢保证自己所信之人不会心怀不轨？古人言：防人之心不可无。即使自己有三头六臂、聪敏过人，也不敢不防。

被领导的人呢？看过多少"蜚鸟尽，良弓藏；狡兔死，走狗烹"的故事，听过多少"被老板当作死棋来下"的传闻，当然也是心生恐惧，不敢不随时防备。

如果认为大家共事，彼此提防不是很辛苦吗？那么请看史书中用多少篇幅记载了"君子枉死"的事实。"小人得志"固然令人不悦，"君子枉死"更加令人痛心。小人何以得志？不在本书研讨的范围内；君子为什么枉死才是我们关注的重点。

一般人看历史，只知道痛恨小人，却不知道批评君子违反了儒家"反求诸己"的原则。

认真研究起来，君子普遍缺乏防人之心，才会招致厄运。若能时时明哲保身，哪会斗不过小人呢？历史上的君子，如果都斗赢小人，不为小人所害，哪怕君王再昏庸、再暴虐，也不至那样治少而乱多吧？

可见拿明哲保身作为管理的根本理念，具有相当稳固的基础，不容忽视，也不必怀疑。

下对上，要慎防"触碰逆鳞"。居上位的人，好不容易才爬上去，最怕被下属所拖累，以致前功尽弃，所以一旦发现下属可能连累自己，无不六亲不认，把所有责任往下属身上推。

每当下属发现平日里倚重自己的上司居然翻脸不认人，把自己视同仇敌、非置于死地不罢手时，无不懊悔自己平日警觉心不够，为什么盲目为这种人弄得自己家不像家、人不像人？

上对下，也要慎防"祸在所爱"。那些心怀不轨的小人，如果不能获得上司的信任，根本造不成多大危害；而一旦他们成为上司的亲信，就会拿鸡毛当作令箭，足以兴风作浪，最终危害上司。可见上司所爱的人，往往可能成为潜在的祸端，怎么能不提防、不戒备呢？

每当上司发觉平日所倚靠、所信赖、所器重的下属居然卖主求荣，把自己当作筹码用以换取个人利益时，无不痛心，"所谓忠不忠，所谓贤不贤"，后悔自己的警觉心不够，为什么那么容易受到蒙骗，盲目相信这些善于伪装的小人呢？

历代君王，没有一个不知道"任用贤者"的道理，但是"贤者变成小人"却是历代君王的最大遗憾。古往今来，大家都了解"良禽择木而栖"的道理，但是"诸葛亮很多而刘备太少"也是无可奈何的世间憾事。所以中国人逐渐养成了"明哲保身"的习惯，时刻秉持"防人之心不可无"的信念，不敢稍有大意。

使"你提防我、我也提防你"演变为"我相信你、你也相信我"，这是中国式管理"以心交心"的历程。明哲保身，可以作为管理的起点，但并不能发挥管理的作用；只有当其逐渐演变为"你心中有我，我心中有你"，彼此互信互赖时，才能安人。

上司站在"保护自己"的立场上，自然不敢轻易相信下属，以免吃亏上当，但是上司又必须相信下属，才能放心地交付工作，于是产生了一套"由小信而大信"的考验过程（见图1-4），形成中国式管理"大圈圈中有小圈圈，小圈圈中还有小圈圈"的风格：任何人都先放在大圈圈的外围，逐次加以考验，才将其视为小圈圈中的可靠分子；再加以严厉的考验，最后将其变成心腹知己。我们常说中国人要经得起考验，便是不要随便相信未经考验或经不起考验的人，以免吃亏上当，甚至惹人笑话。经过考验才逐渐相信的人，当然要稳当得多。

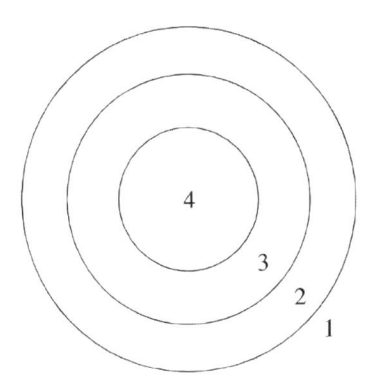

图1-4　由小信而大信

下属同样出于"保护自己"的需求，不愿意轻易为上司卖力，否则"卖力变成卖命、流汗导致流血、做事做到坐牢"，岂不是倒霉透顶？等到了这种地步再来怨天尤人，恐怕也没有什么意义了。

中国人主张凡事"先小人后君子"，一切从"保护自己"着手，然后由小信而大信，逐渐拉近彼此的距离，符合"由疏而亲"的原则，避免"因不了解而结合，却由于互相了解而分离"的不愉快结局。

保护自己，具体表现为守法、守纪、守分。可见认为中国人缺乏法纪精神、没有养成守法的良好习惯，根本就是一种错误的见解。不幸的是现在研究中国民族性的人，大多持有这种看法。

中国人很守法，只是不口口声声说法治，这才是实情。中国人自幼接受家庭教育，几乎没有不重视守规矩的。但是中国人对"法"有两极化的态度：一方面我们对某些"法"十分畏惧，甚至听到就会害怕；另一方面我们对某些"法"十分轻视，常常嗤之以鼻。我们内心深处对"法治"存在一定的反感与轻蔑，从"严官府出厚贼""守法的无耻之徒"中都可以看出端倪。如果规章制度不能百分之百保护我们，不明哲保身，难道还有更妥善的法子？

明哲保身的两种心态

同样的明哲保身，有以下两种不一样的心态。

一种是只保护自己，却不危害他人，也就是对自己有益，对他人并无害处。若是会因为保护自己而害了他人，他们就不会做。

另一种则是为求保护自己，不惜害及他人。这种明哲保身，实际上有害无益，因为他人受害，势必反击，最后自己也同样受害。

许多人对明哲保身十分反感，若是针对后一种心态，当然是正确的态度；如果矫枉过正，连带对前一种心态也心存抗拒、排斥，最终可能连自己的安全和利益也无法保障，纵使有理想有能力，也无济于事。这种人有能力而缺乏本事，不能算作真正的人才。

在不危害他人的大前提下，明哲保身，留得青山在，当然不怕没柴烧！在安定中求进步，必有成就。

第五节　善用"推、拖、拉"来化解问题

　　西方人对解决问题十分重视，却普遍不明白"解决问题往往会引发更多问题"的道理。管理越弄越复杂、越来越困难，便是不断解决问题所引起的"后遗症"日趋严重所致。

　　自古以来，中国人便知道以化解代替解决。以大事化小、小事化了的方式，化到没有事情可做，不但轻松愉快，而且不会产生"后遗症"。

　　化的功夫，具体的表现为恰当地运用推、拖、拉。许多人由于化的功夫太差，始终无法达到合理的标准，因而痛恨推、拖、拉，这其实是因噎废食、反应过度的表现。

　　如果说中国人擅长打太极，那么中国式管理的基本精神，就是以打太极的方式来化解问题。

　　太极拳的动作，总体上可以归纳为推、拖、拉的配合，组成各种招式和花样，以求在动态中维持平衡而立于不败之地。

　　中国人化解问题的方法，其实也是推、拖、拉的配合运用，虚虚实实，真真假假，让人摸不着头脑。

　　长久以来，中国人一方面习惯于使用推、拖、拉，另一方面却将推、拖、拉视为恶习，对自己和对别人采用不同的标准，希望对自己的推、拖、拉行为加以掩饰，这究竟是出于什么原因呢？

　　说起来十分可笑，竟然是由于西方人不懂得推、拖、拉的真正用意，把推、拖、拉看成不负责任、浪费时间、令人厌恶的行为，以致中国人也盲目跟风，莫名其妙地痛恨推、拖、拉。

因此，年轻人目睹年长者明明自己偏爱推、拖、拉，却一直指责推、拖、拉，因而觉得年长者不求进步，不知自我反省，斥他们为"老贼"。

更加可怕的是，年轻人不推、不拖、不拉，结果吃了亏，觉得十分冤枉，因而认为整个环境不够现代化，自以为是"新新人类"而不知自反自省。

第一，推、拖、拉的时候有没有动脑筋是问题的关键。对于强调"一寸光阴一寸金"的中国人而言，不动脑筋地推、拖、拉，根本就是浪费时间，我们可以断定这是一种错误的行为。善于推、拖、拉的人，会利用这短暂的推、拖、拉的时间充分地思考接下来到底应该怎么做。如果不推、拖、拉，连丝毫思考的时间都没有，很容易做出错误的选择。在推、拖、拉的时间里，不赶紧动脑筋、想办法，更待何时？这才是中国人既聪明又令人看不出来的招数。

第二，推、拖、拉的方向并不一定朝向别人，有时候也可以朝向自己。若是一味推给别人，连好处都不留给自己，对得起自己吗？当然，有坏处都推给自己，不但自己不愿意，别人也会觉得奇怪。所以推、拖、拉不一定要朝向别人，也不一定要朝向自己，而是要推给最合理的人。有好处，由最合理的人享受；有害处，同样由最合理的人来承担。这种合理的推、拖、拉，才合乎中国人所推崇的中庸之道，无一事不合理，推、拖、拉得恰到好处，自然大家都喜欢。

第三，推、拖、拉可以缓和竞争的紧张气氛，不会伤害感情。中国人喜欢争，似乎无所不争，而且不争则已，一争就很容易不择手段，不争到"你死我活"不肯罢休。先贤有鉴于此，这才研究出一种用推、拖、拉来争的"以让代争"的模式。推、拖、拉看起来像让，实际上也是一种争，不过争得比较斯文、柔软而缓和。

上司交给下属一项新的工作，下属毫不推辞马上接受，上司就会觉得这位下属的工作负荷太轻，下次还会把新的工作交给他。如果他还是不推、不拖、不拉，上司便会继续给他增加新的工作，造成"软土深掘"的现象，万一工作做得不好，还会遭人议论："什么事情都敢承担，也不想想自己有多少能耐！"在同事眼中，这样的下属不是马屁精，存心讨好上司，便是爱出风头，为了表现自己不顾一切，反正都不受欢迎。

稍微推辞一下，一方面表示自己并不是闲得没有事可做，专门等待新工作；另一方面让上司看到自己不争功劳的态度，以免引起上司的忌惮。然后利用推辞的短暂时间，仔细想一想：这项新工作由自己来承担合理吗？会不会引起同事的不满？会不会处理得不妥当，反而被上司批评？会不会让上司觉得自己一直在等待这样的工作，有什么不良的居心？

思考完成后，如果认为有比自己更为合适的同事，便应该把新工作推给他；如果自己确实比较合适，便可以"当仁不让"，承担下来。不当仁，要礼让，免得做不好害了大家；苟当仁，便不让，再推下去就是不负责任，对不起大家。

对于大家都不想承担的工作，只需稍微推辞一下便可以接受，否则有"存心让上司难堪"的嫌疑，或者让人产生"抬高自己的身份"的误解，那就更加不好。对于大家都希望承担的工作，应该多推辞几次，抱着"有人要做，我绝不争取；实在要我做，我才承担下来"的心态，以示君子坦荡荡，并无不良企图。在这样的情况下，大家自然不会明争暗斗，心存芥蒂。

推、拖、拉的出发点，仍然是"保护自己"。这样做可以避免引起他人的猜忌和误解，以防自己成为众矢之的。同时，这样做可以让上司好安排工作——可以给我做，也可以给别人做，只要合理就好。此外，这样做可以让同事有面子，让同事觉得"不是我争不到，是我让给他的"。可见推、拖、拉的价值不容忽视。

中国人最好不要抵触推、拖、拉，因为除此之外，很难找到更符合众人需求的解决方式；中国人也不应该过度推、拖、拉，因为不断推来推去，只会浪费时间而一事无成，这是众人所深恶痛绝的。中国人必须谨慎地、用心地以推、拖、拉的方式来化解问题，唯有圆满化解问题，大家才会觉得推、拖、拉确实可爱。

推、拖、拉的结果可能令人讨厌，也可能令人欣喜。因为中国人把"推、拖、拉到没有解决问题"称为"圆滑"，这样的结果，人人都不喜欢；把"推、拖、拉到把问题圆满化解"称为"圆通"，这样的结果，当然人人都喜欢。中国人喜欢圆通，却痛恨圆滑，同样的推、拖、拉，可能产生不一样的结果，所以"运用之妙，存乎一心"，诚心诚意地用心化解问题，仍然需要推、拖、拉的过程，既省力又能减少阻碍，十分有效。

推、拖、拉的真义

单单一个"推"字，就含有许多不同的意义。譬如推进，表示用力使事情展开；

推延，表示把事情往后拖延；推托，表示借故将事情推掉。这些"推"可能对事情的发展有利，也可能成为解决问题的阻碍，有好的一面，也有不好的一面。

再看"拖"字，也有很多种解释。譬如拖着，表示用力牵引，不使工作落后；拖延，表示延误时间；拖泥带水，表示工作不爽快，不赶紧处理。这些"拖"同样有好的一面，也有不好的一面。

还有"拉"字，可以说成拉拢，表示用方法进行联系，使事情更易于完成；也可以说成拉开，表示把两件事情扯开，使其不产生关联，因而用不着自己关心；更可以说成拉忽，表示粗心大意，什么事情都办不好。"拉"得好，对工作有利；"拉"得不好，那就对工作不利了。

推、拖、拉原本有好有坏，运用得合理，对事情的发展很有助益；运用得不合理，会对事情的发展产生阻碍，产生不良的后果。近代中国人，由于受到误导，只看到其坏的一面，因此对推、拖、拉持有负面的评价，这是不正确的观念。

推、拖、拉只是做事的一种方式，本身并没有好坏。其效果是否理想，完全取决于运用的人的动机是否良好，方式是否合理。

第六节　寓人治于法治

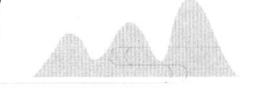

很多人一直用二分法的思维方式，把中国社会归为人治，而把西方社会视为法治。这种思维方式，不仅脱离实际，而且容易陷入一己之偏见，极为不可取。

世界上不可能存在百分之百的法治，因为徒法不足以自行；也不可能存在百分之百的人治，因为再独裁的领导者，也懂得利用法律来掩饰自己的无法无天。

我们所看到的，其实不是法治大于人治，便是人治大于法治（见图1-5）。我们也不否认，一直到现在为止，西方仍然是法治大于人治，而东方则仍然是人治大于法治。

在西方的观念中，人是人而神是神，人不能变成神，神超越人而存在，可以颁布戒律，要求人遵照执行。人执行得再好，最多成为圣者，不可能变成神（见图1-6）。这是西方人无可奈何的命运——终生必须奉行神的旨意，遵守戒律。

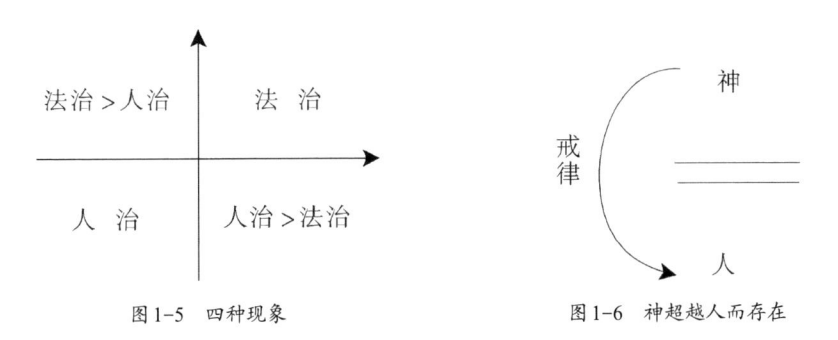

图1-5　四种现象　　　　　　　　图1-6　神超越人而存在

中国传说中的神，可以说大多数都是由人变成的。人死为鬼（归去的意思），鬼如果很懒散，缺乏服务的热忱，就会成为懒鬼，当然不能变成神。若是鬼富有服务的热忱，久而久之，就会变成神（见图1-7）。因为神是由人变成的，原本为人，曾经和普通人一样犯过若干错误，所以不好意思向人颁布戒律，以免遭人质疑："难道你在变成神之前，也遵守这些戒律吗？"

神既然不敢颁布戒律，便只好以服务作为其行为典范，让人在敬畏与崇拜之余，决心要仿效神的慈悲，救助他人。

西方人模仿神对人颁布戒律，用"法律"来约束其他人（见图1-8）。西方文化起源于希腊，最早形成的系统的文化是希腊神话。某些"超人""半神半人"及"人面狮身"的人，使得西方的人际关系以英雄崇拜和权力追求为重心，产生了"奴隶制度"和"殖民政策"的管理方式。

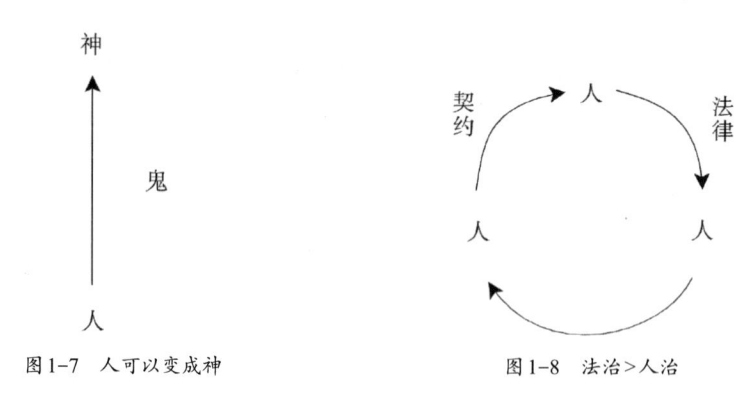

图1-7　人可以变成神

图1-8　法治＞人治

奴隶没有自由，被当作"物"看待，有用才有存在的价值，一旦变得没有用，就可能被带到市场上卖掉。西方管理至今仍强调人的有用性、有效性。

西方的殖民政策使战败国的百姓成为战胜国的奴隶，丧失了独立自主的权利，一切都由殖民者代为决定。西方现代企业的海外投资及海外并购，实际上也是延续这种殖民地精神，希望以强大的经济力量突破他国贸易壁垒，以控制其人力、技术、资源及市场。

主人与奴隶之间的关系，原本就不是"自然的"。这种"人为的"关系，主要是通过契约来确立，法治是保障契约的有效手段，所以受到宣扬和重视。

中国人效仿神对人不言而教，通过实际行动来体现普度众生、救苦救难的精神，用"感应"来影响其他人。中国文化深受《易经》影响，而《易经》是儒、道两家共同的思想渊源。《易经》披上神秘的外衣，只是"借宗教的力量来弥补道德的不足"，实际上仍以"明象位、立德业"为主，教人先正己而后正人，先修己然后才谈到安人。孔子不主张怪力乱神，却依然断言"获罪于天，无所祷也"。可见"在天命所归的范围内努力奋斗"，同时"以道德良心来决策"，使得中国人的人际关系以顺天应人和敦亲睦邻为重心，从而产生了"敬畏天命"和"近悦远来"的管理方式。

无论企业主的个人宗教信仰是什么，每年农历正月初五开工时，往往会有很多人例行烧香礼拜，向天宣誓全体员工积极进取的决心，这便是"敬畏天命"的表现。各行各业都在"天命"的指引下，审视自身的发展状况，明确自己在同行业及不同行业中所处的位置，以求"明象位"。然后，他们会致力于履行社会责任、提升个人品德修养，以此来祈求经营方针及相关策略能够正确制定并顺利实施。

敦亲睦邻使大家爱家、爱乡、爱本土，自然忠于组织而安居乐业。彼此守望相助，气氛良好，自然近悦远来，不必使用契约、合同，天下人也会慕名而来。

亲疏有别、长幼有序才是人与人之间"自然的"关系，如果把这些关系明确规定为法律，反而会把原本自发的行动变成被动的、外力推动的。

儒家的德治观念，主张人人重修身，守法纪，认为"没有规矩不成方圆"。到今天我们高歌"爱拼才会赢"，也不忘"好运歹命，总嘛要照纪纲来行，三分天注定，七分靠打拼，爱拼才会赢"。其中包含"敬畏天命"和"守法纪"两大重点，可惜大家不了解古圣先哲的教诲，竟然唱成"照起工"（应该是"照纪纲"），令人倍感遗憾。

道家的无为而治，同样重视人人修身，但是人为的制度总是不完美的，必须加以否定，才能够提升到回归自然之道的境界。

要了解儒、道两家的道理，最好先把"法治"和"守法精神"区分清楚。中国式管理主张"人人都应该修身，培养守法重纪的照纪纲精神"。但是管理者应该明白，所有的法律条文，一旦形成白纸黑字，就已经不能切合当下的实际需要，而且也已经相当僵化，不足以处理两可或例外的事宜，抱着这种"法是不得已才这样规定的，是在找到最合理的方法之前，勉强拿来应用的"心态，当然不会强调"法治"。

管理者如果管理十分有效，通常不会借口大家不重视法治，而是往往满足于自己领导有方、魅力出众。只有在管理效果不佳时，他们才会大声疾呼，强调法治的重要性。由此可见，"法治"长久以来已经成为管理者"无力感"的代名词，而不是真正有厉行法治的决心的标志。

人人守法重纪，是自然的、自发的，也是自动的，这时候人们不会故意违法或刻意游走于法律边缘，因为自律颇有困难，所以人们用"敬畏天命""举头三尺有神明"来辅助进行自我约束。

管理者明定制度，但也明白所有制度都是死的，而人却是活的，必须在制度许可的范围内，衡情论理，然后加以适当的调整，合理解决问题。这种寓人治于法治的做法，当然是人治大于法治（见图1-9）。管理者有时越是强调法治，大家越觉得其有"欺世盗名"的嫌疑，因而越觉得"法律面前人人平等"原来意指"法律面前，人人不平"，而抗议司法不公。

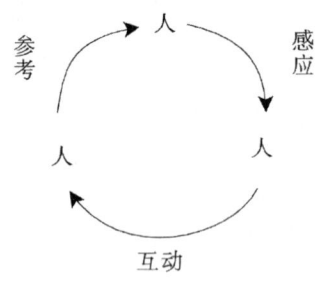

图1-9　人治＞法治

第二章 管理的思想形态

受到太极的启发,中国人擅长在"一分为二"的分析之后,"把二看成三",在相对的两端,找出中间的灰色带。

中国式管理的哲学基础是我们经常挂在嘴边的"彼此彼此""互相互相"。

法、理、情兼顾并重,而以情为指导纲领,一切在合理中求圆满,才合乎中国人的要求。

人类的一切，都是人自己想出来的。管理也不例外，同样是人想出来的。不同时代，不同的风土人情，令人想出了不同的管理方式。

我们不用刻意划分什么中国式、美国式、日本式管理，因为它们实实在在存在，只要稍微用心比较，很容易分辨开来。

管理由观念开始，有什么样的管理观念，就会产生什么样的管理行为；有什么样的管理行为，就会产生什么样的管理关系；同样，有什么样的管理关系，就会产生什么样的管理效果。

观念、行为、关系和效果四者，构成周而复始的循环系统（见图2-1），因为管理效果必然反过来加强或修正管理观念。

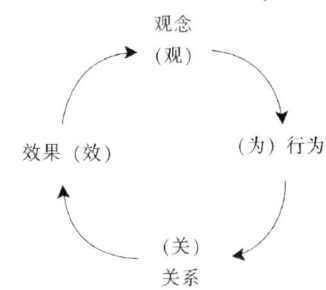

图2-1　观、为、关、效的循环系统

第一章所列述的若干基本概念，究竟因何而生，从哪里来？我们有必要进一步深入探究，才能够真正掌握我们的管理观念。太极塑造了我们阴阳对立统一的思想形态，使我们在很多地方产生了和西方人不一样的管理观念，这是这一章所要探讨的主要课题。

我们打算从"水"切入，看看它怎样影响我们的管理思维。选择这个切入点的主要原因，是中国人自古以来便与黄河这条变化无常的巨河共生存，世世代代都希望能把黄河治理好，从而衍生出了很多宝贵的管理经验。

若是从水的角度来审视中国式管理，不难发现其中的奥妙。我们的许多管理观念，可以说和水有十分密切的关系。

第一节　太极是一种自然流行的状态

中国人的管理经验，很多来自治理黄河的实践。在与水斗争的过程中，领悟出很多宝贵的管理道理。

单凭一个人的力量，无法治水，必须把众人组织起来。而世界上最自然、最庞大、最优秀、最灵活、最有效的组织，便是天地。

法天地的组织，还需仿效天地自然的运作方式。中国人想出了太极拳的保健防身法，也就想出了推、拖、拉的太极拳式管理法。一切顺乎自然，并没有什么压力。

现代中国人学习西方式管理之后，深觉压力巨大而难以承受，回想一下，我们原本是一个相当悠闲的民族，现在却被西方式管理搞得痛苦不堪，其中是否有一些值得我们反省的地方呢？

让我们先冷静下来，从头想一想，这到底是怎么一回事。

古老的埃及王国因长期的固执而僵化，最终走向了衰亡。同样古老的中华民族，却能够在兴衰更迭、循环往复中生存下来。西方学者的"不连续"观念，显然被中国人的"绵绵不绝"的"连续"所否定。

长期以来，许多在国外获得显著成效、被证实为完全成功的管理经验，引入中国以后，却产生完全不同甚至相反的效果，我们认为其根本原因在于"水土不服"。

为什么说"水土不服"呢？因为中国人长期在黄河流域繁衍生息，最丰富的经验不是"水"便是"土"，而两者息息相关，缺一不可，因而孕育出一种二合一的"水土"观，认为万事万物，都和水与土有关。风土人情，表示人情也离不开风土；而风吹土扬，更需要水的滋润。我们的管理经验源自大禹治水，一直到清末，治水仍然是政府的主要施政项目。

治水的第一个要领，即"推、拖、拉"。

我国兵法的特征，便是运用"治水法"来作战。孙子一定比较过鲧和禹这父子两人的不同治水方法，鲧所用的是"堙"和"障"。"堙"便是堵塞，"障"即防堵。用堵塞或防堵的方法来治水，一方面要堵塞洪水的满溢，另一方面还得加固堤坝。结果洪水的力量过于强大，最终还是冲破堤坝，淹没了大片土地。帝尧时期，鲧因治水9年失败而被处以死刑。

尧传位给舜以后，舜听说鲧的儿子禹十分有智慧，便让禹继承父志，承接治水的任务。禹所用的方法和他父亲相反，采取"推、拖、拉"的疏导方式，和洪水斗争了13年，三过家门而不入，终获成功。

《孙子兵法·兵势篇》中指出，奔流的水，有力量能够让石块漂起来，是由"势"所造就的。孙子认为战场上种种混乱和迎拒的行动都属于兵势运用的范畴。善于运用兵势的将领，统率部队与敌人作战，就像转动木块、石块一样，圆形的木石滚动起来，如同水流一般，机敏灵活而阻力较小。若能因势利导，配合作战的需要，必能进退自如。

《尉缭子》中也说："胜兵似水，夫水至柔弱者也，然所触，丘陵必为之崩。"尉缭是兵家"形势派"的代表人物，形势强于人，是中华民族和黄河长年共处得到的最深刻体验。

太极拳的原理，和大禹用疏导的方法治水相同。

治水的第二个要领，在于人力的运用。大禹三过家门而不入，是一种专心投入的表现，目的无非在明哲保身。

孙子说："故善战者，求之于势，不责于人。"善战的将领，要在兵势运用上力求占得优势，不可苛求兵员数量的多寡和素质的强弱，总是指责部下的不足。

中国式管理不强调"能力本位"，就是"不责于人"的表现。"做得不好便换人"往往令闻者心寒，明智的领导者，能做到换人但不让下属觉得没有面子，不致引起他人的抵触和反感。

孙子还说"择人而任势"，即根据不同下属的特点，创造不同的"心势"，当然无人不可用，也无人不乐为之用。古人常说："千军易得，一将难求。"现在更是如此，因为许多管理者观念存在偏差，思维也不够清晰。

择人任势的要领，也不外乎推、拖、拉。看人说话、因人而异，逐渐形成了兵法中的"权谋派"，孙子、吴子都是其代表人物。

兵家说"权谋"，是一种面对敌人不得已的说法。管理者不能耍权谋，否则如何面对自己人？讲中国式管理，只要开口说出"权谋"二字，便知他不是行家。

治水何必用权谋？对水耍诈有什么用？把治水的工程做得美观一些，使其看起来更富有"艺术感"，这才是我们需要做的。

中国式管理，便是符合中国人性要求的管理。它所依据的思想正是自然流行的太极思想，其方法也主要借鉴了推、拖、拉的原则。

太极思想没有错，推、拖、拉十分有道理，中国式管理必然行得通。可惜百姓用而不知，大多数人知其然，而不知其所以然，长此以往，出现了很多偏差，令人深以为憾！

实际的情况是，放眼望去，举国上下都在推、拖、拉，为什么还不敢承认、不肯承认呢？

推、拖、拉到合理的程度，一切圆满。但是对于合理不合理，由于各人立场不同，智慧水平也存在差异，自然会产生不同的评价。一般人看自己推、拖、拉，觉得十分合理；看别人推、拖、拉，总认为不合理。孔子倡导"严于律己，宽以待人"，是不是符合中国人这种"差别待遇"的需求呢？

太极思想的要旨，在于认为"本来就这样"，在心理上保持"不怨天、不尤人"的态度，以"怎么样都好"的心境，仔细思考，然后"看形势"办事。这种自然流行的方式，不会让人产生什么心理压力，使人能够自得其乐地"顺势行事"，以求身安心乐。

"论关系、讲交情、看形势"是太极思想在管理上的运用，只要一切做到"合理"的程度，就没有什么不好。那些怕谈关系、怕讲交情、不看形势的人，恐怕是自己心有不正，或是艺有未精所致。

只要正确掌握用推、拖、拉来圆满完成任务的方法，避免以推、拖、拉来推卸责任，满足自己的私欲，中国式管理便没有什么值得非议之处。

中国人的习性像水

人类要生存，水和空气是不可或缺的东西。一般而言，空气好像无处不在，于是水就成为人类追逐的主要资源。中国人的祖先大多分布在黄河及其支流的两岸。黄河为人类提供饮用水和鱼类食物，成为适宜人类生存的栖息地，中华文化与黄河的密切关系，使中国人的习性和水十分相似。

第一，黄河河道常常发生变化。某人原先住在河东，忽然黄河改道，他就可能变成住在河西。中国人深知"十年河东，十年河西"的道理，一切都"不一定"，风水是轮流转的。

中国人满脑子都是"不一定"，对什么都将信将疑，既不赞成也不反对，看起来反复无常，实际上是随机应变。太多的变化使我们深切地感悟到"看着办"的道理。随时随地，看情况办事。

第二，黄河泛滥会导致水灾。然而"水灾深，水利也饶"，有人遭遇灾害，也有人得到好处。几家欢乐几家愁，使我们明白"有得必有失，有失也有得"的阴阳互补原理，因此得到的时候，不会太高兴；而失去的时候，也不会太伤心。

纵使获得大奖，我们也不会惊喜失措，否则会令人觉得好笑；遇到再大的灾难，我们也能够很快恢复正常，准备卷土重来。

第三，水的特性是避高而趋下，丝毫不费气力。中国人善于借力使力，甚至打人都舍不得花力气，一切讲求当省就省。

中国人是懂得悠闲的民族，像水一样，能不动就不动。中国人做事，看起来好像不十分认真，实际上是用心而不紧张。用心去做就好了，紧张兮兮地做什么？

第四，水避实而击虚。被石头或土地挡住，它就暂时不动，不会猛烈地攻坚。石头有缝，水便从缝中钻过去；土块松动，水也就连带着泥土一起往下流。遇实则避，有虚便乘，永远不停滞。

中国人一看他人来势汹汹，大多会采取暂时躲避的策略，以观后效。就做生意来讲，对于有实力的集团，自然另眼看待，给予更多的优惠；若是对方看起来并没有什么实力，或者经不起试探，马上现出虚弱的本质，那就不再客气，一切依法办理，甚至还会趁机多要求一些。欺善怕恶和避实击虚，似乎是同样的道理。

第五，水在平地流动，并不会发出什么声音，但是遇到不平的险阻之地，就会发出巨大的声音。这种不平之鸣，到处都可以得到印证。

中国人喜欢和他人比来比去，当自己占便宜，得到更多好处的时候，内心会十分舒坦平静，但大多不会表现出来，唯恐表现出来，会引起他人的不平，从而影响到自己既得的权益；但是发现自己有吃亏的地方的时候，会马上表现出心中不平。这同样是一种不平之鸣。

最为显著的地方，莫过于水的力量看似不大（至少给人的感觉不如火那样猛烈），反而柔软和蔼，可是水最善于蓄势待发，势越强，所产生的力量就越大。瀑布从高处倾泻而下，势不可当，向下冲击的力量，相当巨大而可怕。

中国人最知道造势的作用，可以说一抓住机会，便要造势。只要造势成功，到了势大力大的时候，予取予求就是举手之劳，丝毫不费劲。

形势比人强，是中国人从水中感悟出来的道理。时机固然重要，可惜只能等待而难以创造，往往可遇而不可求。形势却能够由自己来创造，只要造得出来，英雄不怕出身低，照样可以大声说话，展示威力。

大禹治水的故事告诉我们治水以疏导为主，防堵并不是最有效的方式。中国人因而明白威武不能屈的道理，越防堵越要设法突破。和中国人相处，最有效的方法应该是顺性而为，顺着中国人的民族特性和中国人打交道，自然省力而有效。

水流不断，象征生生不息。中国人对传宗接代、延续生命，大多十分在意。子随父姓，成为父子血脉相连的外在标记，而子承父业，则是人生价值的指标之一。

水似柔却刚，中国人喜欢内刚外柔，内方外圆，心中秉持着坚定的原则，外在表现却是相当随和，好像怎么样都可以。中华民族看似柔和，甚至有时给人懦弱怕事的印象，但是几经外侮，却展现出了无比坚强、不可征服的特性。我们敬天、事天、顺天，但有些时候也会大骂老天爷不长眼睛。

黄河虽"性情暴虐"，却也有平静的时候。由于泥沙淤积，水流缓慢，黄河呈现出凝重细腻的本色。中国人偏爱平静的黄河，害怕它"暴虐"的一面，因此特别重视和平的可贵，一切以和为贵。平时温柔敦厚，能忍则忍，以和平为不易的理想，只有在忍无可忍的特殊时期，才会展现出雄健刚烈、势不可当的一面。

黄河的众多支流，看起来各有不同的特性，但是最后一起流入渤海，形成合于一的局面。

分争合流，也是中国人的特性之一。大圈圈之中有小圈圈，小圈圈之中还有小圈圈，组织内部，派系之争不断，而一旦遭遇外敌，却能够摒弃派系的利益和纷争，一致对外。既斗争又联合，一点儿也不矛盾。

中国人彼此骂来骂去，但是每到一个海外地区，总喜欢打听中国人聚集在哪里，大家又凑在一起。

中华民族的向心力和凝聚力，从黄河的流动和盈缩中可以看出端倪。山性使人塞，山区人的向心力是闭塞的、排外的。水性使人通，明白水性的人，向心力是通达的、开放的。人在曹营，照样可以心在汉，结合这种观点来看中国人，就不致误解中国人没有归属感了。

我们有依附感而缺乏归属感，说起来对世界大同有很大的帮助。中国人这么多，疆域这么辽阔，资源这么丰富，历史这么悠久，文化这么包容，如果加上归属感这么坚实，请问其他民族怎么和中华民族竞争呢？

中国式管理，讲起来就是水的管理，和美国式管理偏向火的管理颇为不同。我们主张以柔克刚，先礼后兵，继旧开新，生生不息，这些理念无一不和水有关。

黄河是中华民族的母亲，孕育出中华民族，也衍生出了中国式管理。水能载舟，亦能覆舟，中国式管理是否有效，要看我们如何运用。用得合理，自然效果良好。

第二节　把二看成三才能跳出二分法的陷阱

现代人的思维法则，受到西方的影响，喜欢采用"二分法"：对一件事加以分析，分成两个不同的部分，再从中选择其一作为答案。看起来清楚、明确，好像是非十分明白，而且简单明了。

例如，唯心、唯物的争论，便是将本体分析再分析，结果产生了唯心和唯物这两种不同的主张（见图2-2）。哲学家如果从二中选一，那么他不是唯心论者，便是唯物论者。

西方的管理沿用这种思维法则，把人分成管理者和被管理者，把管理分成人治和法治（见图2-3）。

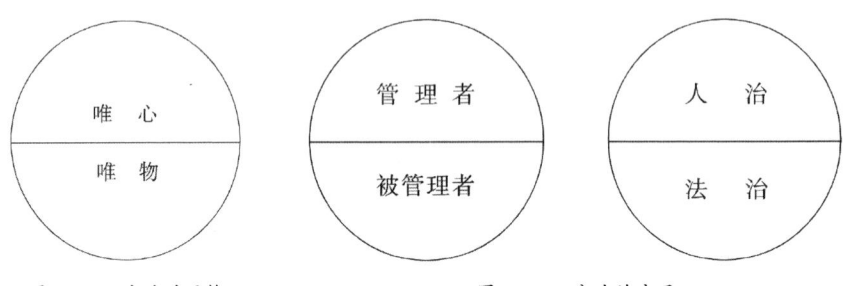

图2-2　二分法的思维　　　　图2-3　二分法的应用

中国人的思维法则原本不应如此。受到太极的启发，中国人擅长在"一分为二"的分析之后，"把二看成三"，在相对的两端找出中间的灰色带，也就是把两个极端的概念统合起来，形成第三个概念（见图2-4）。

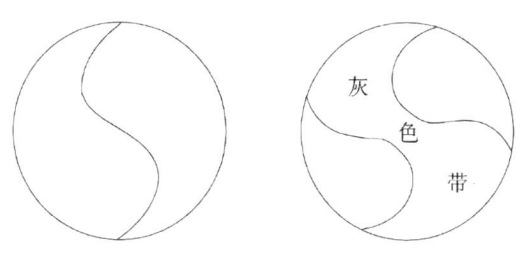

图 2-4　太极的思维

例如，唯心、唯物是两个极端的概念，中国人却能从这两个概念中看出第三个概念，叫作"心物合一"，将唯心和唯物统合为心物合一论。

中国式管理承袭太极思维法则，把人分成三种。老板是管理者，员工是被管理者，而介于老板和员工之间的干部，则一方面是管理者，另一方面也是被管理者。

至于管理，中国式管理不主张在人治和法治之中选择一种，而是十分实际地"寓人治于法治"，说起来实施法治，运作时却有非常浓厚的人治色彩（见图 2-5）。

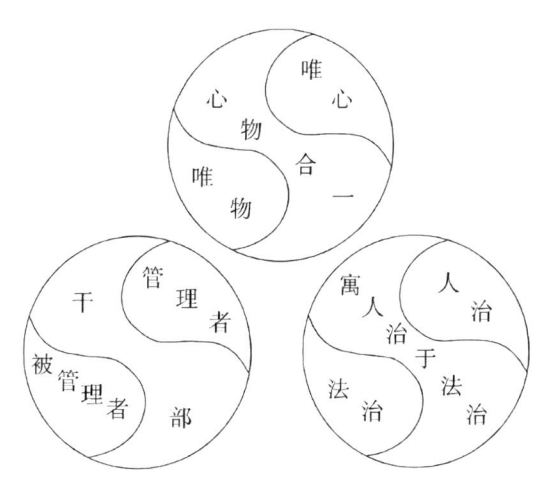

图 2-5　太极思维法则的运用

西方人重"分"，喜欢用分析法，一分为二、二分为四……这样一直分下去，很难找到整体化的解决方案，正应庄子当年所说："天下的人多各执一端以自耀。"看到一个部位，便要以偏概全，好像耳、目、鼻、口一般，各具功能，却无法通用。

在中国人原本的想法中，二分法是一种"罪恶"，需要设法避免。一分为二之后，当然可以二合为一。中国人不反对分析法，只是在分析以后，必须加以综合。中国人重"合"，以综合法来统合经过分析的东西，得到的观点称为"全方位的观点"。

中国式管理同样讲求全方位。庄子认为，万事有所分，必有所成；有所成之后，也就必有所毁。一切事物，若是从整体来看，既没有完成，也没有毁坏，都复归于一个整体。

把二看成三，便是一分为二之后，不要二中选一，因为二中选一的结果，往往趋于极端。梁漱溟指出：把一个道理认成天经地义，像孔子那无可无不可的话不说出口。认定一条道理顺着往下去推，就成了极端，就不合乎中。他认为事实像是圆的，若认定一点，拿理智往下去推，则为一条直线，不能圆，结果就是走不通（见图2-6及图2-7）。

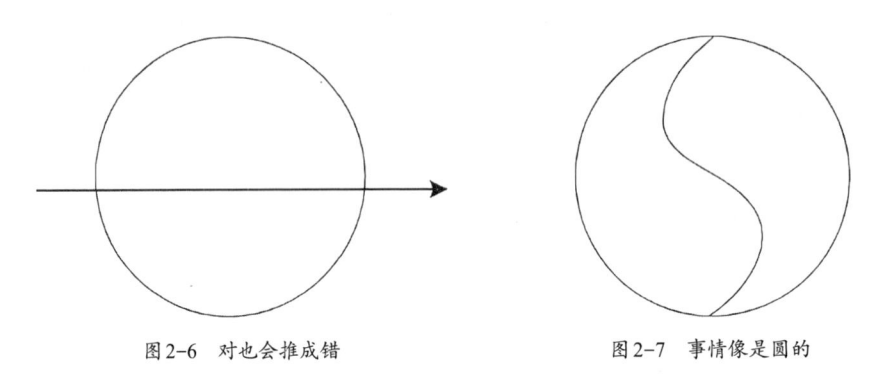

图2-6　对也会推成错　　　　　图2-7　事情像是圆的

孔子"无可无不可"的主张，即把"可"与"不可"这两个极端的概念看成三个。依西方二分法的标准，"无可无不可"根本就是是非不明、不敢负责、不愿意明说的表现。受西方影响，现代中国人不了解"无可无不可"，竟然也跟着鄙视起这种理论来。

中国式管理依据"无可无不可"的原则，凡是两个概念都能看成三个，无形中又多了一种选择，所以弹性更大、包容性更强，其实就是"合"的效果（见图2-8）。

例如，西方劳资对立，员工是劳方，资本家是资方，双方往往各执一词，很难达成协议，更不容易建立共识。各说各话，划分出不同的立场，然后讨价还价才勉强和解，但是其中的问题仍然存在。

中国式管理把二看成三，在劳资双方之外，多出一种介方，"介方"也就是媒介的意思。平时老板和员工之间的沟通，尽量采取

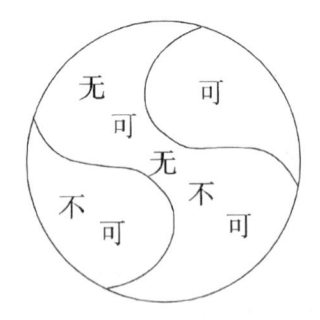

图2-8　把二看成三

间接方式进行。养成习惯之后，一旦劳资双方有不同的看法，自然也会通过干部，让老板拥有回旋的余地，比较容易化解问题。不像现在这样西方化，劳方遇到问题，都要与资方面对面直接沟通，弄得老板失去应有的尊严，干脆一气之下关门不当老板，结果还是员工更加倒霉。

有问题必须解决是西方式的管理心态。西方式管理常把问题一分为二，问题只有"解决"和"不解决"两种选择（见图2-9）。解决的人被视为负责、尽职、有担当，而不解决的人被视为不负责、不尽职、缺乏担当。中国式管理把二看成三，知道问题不解决不行，一直拖延下去，终有一天会恶化，以致无法解决，或者需要花费更多成本。但是直接解决也不行，因为这个问题解决了，很可能引起其他问题，甚至爆发更多、更麻烦的问题，到时候岂不是追悔莫及？

在解决和不解决之间，有一条"合"的途径，称作"化解"（见图2-10）。中国人喜欢"大事化小，小事化了"，便是在无形中既解决问题，又避免引发其他问题，或者把其他问题减到最少。看起来没有什么动作，实际上已经把所有问题都化解掉，好像没有问题要解决，这才是把二看成三的实力。

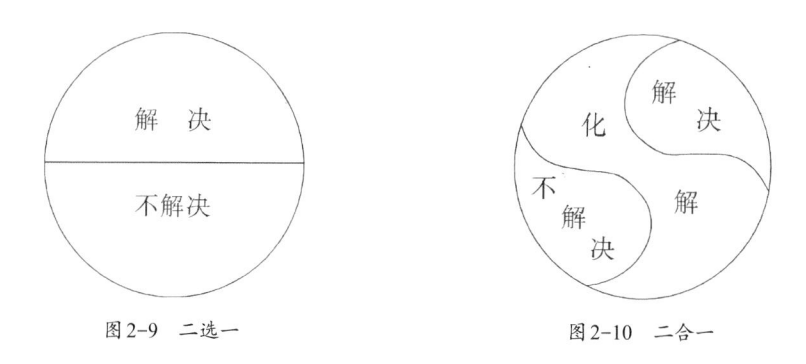

图2-9　二选一　　　　　　　图2-10　二合一

二分法与三分法之争

西方人一直拿二分法没有办法，摆脱不掉二分法的陷阱，不得已把它称为"必要的罪恶"。

中国人讲阴阳，用很简单的"一阴一阳之谓道"，轻易地破除了二分法的思考障碍。

阴阳并不代表两种不同的东西，它不过是"一"的不同变化。阴可以变为阳，阳也能够变为阴，一切无非是阴阳消长的结果。阴阳消长的动态表现，使得宇宙万象时刻都在变易，也塑造了中国人思维中"不一定"的观念。"不一定"如果和"一定"相对立，那就是二分法的思维。因此中国人的"不一定"，实际上包含了"一定"，而"一定"的时候，也会有"不一定"的可能性。可见中国人的"不一定"，其性质也相当不一定。

有一位老板很热心地开车送我回新竹。那一天我们在车上讨论了很多问题，快到新竹的时候，他问："究竟是运气重要，还是努力重要？"

我回答："当然是运气重要。"

他非常高兴，接着说："果然如此，运气好的时候，好像挡都挡不住；运气不好的时候，再努力也没有用。"

我又说："但是，不努力怎么证明运气好不好？所以还是努力比较重要。"

他愣了一下，随后笑了起来："对！对！努力和运气都重要，不努力不知道运气好不好，运气不好再努力也没有用。"

中国人源自《易经》的思维方式，随时可以摆脱二分法带来的困惑。

当前社会上的万般乱象，说穿了不过是二分法同三分法之争。

二分法主张是非必须明确，一切都要透明化，大家把话说清楚，并且把这些行为当作现代化的指标，好像不如此不足以谈现代化。

三分法则认为"真理往往不在二者之一"，是非当然要明确，但是人不是神仙，怎么能够将事物分辨得绝对正确？一切是非，不过是自圆其说，往往经不起时间的考验。现在认为的是，很快就会变成非，何况是非之间有一大片灰色地带，既非"是"也非"非"，既有"是"也有"非"，难道可以轻易地忽略掉吗？

是非难明，并不表示是非不明。在是非尚未明确之前，又怎么能够不顾一切地透明化呢？大家就算有心把话说清楚，也得顾及现实的复杂性及言语的局限性，根本就说不清楚，又该怎么办？

其实，现代化的西方，也有很多难以解决的难题，他们正努力地提倡后现代主义，希望以三分法来代替僵化的二分法。可惜许多人不知道后现代主义接近《易经》的三分法，否则也就不会花费那么多心力，来做无谓的抗争了。

二分法毕竟比较简单易学，而且条理分明、结果十分明确，适合大多数不喜欢动脑筋或不会动脑筋的人，所以拥护者不在少数。

三分法不但复杂难懂，而且采取圆周式思考法，结果又不明确，难怪让很多人大伤脑筋，不是不喜欢它，便是错用了它，无论过与不及，都会导致不正确的结果。

过去大家比较客气，不敢自我膨胀，也不敢过分武断，虽然当时二分法和三分法之间也存在明争暗斗，却能够维持表面上的和谐平静。现代社会自由民主，大家有话就要大声说出来，不但容易自我膨胀，而且变得相当武断，一些人连二分法和三分法都还没有搞清楚，便急于发言，反正说错了自己也不知道，哪里会脸红呢？

现在和过去，都是阴阳消长的变易。换句话说，都在明争暗斗，不同的不过是过去明少暗多，而现在明多暗少而已。

看清楚三分法的人，对事既不赞成也不反对，看起来有点冷漠，实际上十分理智。只知道二分法的人，凡事很快就要分辨是非、对错、善恶，越热心就越容易情绪化，看起来很有正义感，其实非常冲动。还有一种看不懂三分法的人，误以为三分法便是一切走中间路线，扮演"骑墙派"的角色，随时靠左、靠右，自认为是左右逢源，不料却成为投机取巧的小人。

整个社会，被这三种人搞得昏天暗地，以致许多事情都得不到公论：任何新闻，都会出现相反的论证；一切活动，都会引发不同的看法。美其名曰多元化，实际上是乱七八糟。

中国人讲不讲理？

中国人是世界上最讲道理的民族，但是中国人生气的时候情绪波动得相当厉害，常常生气，所以显得十分不讲理。

这样说起来，中国人究竟是讲理还是不讲理？答案应该是中国人最拿手的"很难讲"。

很难讲的意思，是最好不要在"讲理"和"不讲理"之间选择其中之一，而是采取三分法的思维方式，把"讲理"和"不讲理"两者合起来看，形成"情绪稳定时很讲理而情绪不稳定时十分不讲理"的第三种情况。由此可见，情绪稳定与否对中国式管理非常重要。管理以"安人"为目的，是不是也可以解释为安定大家的情绪呢？先把大家的情绪稳定下来，然后才从事管理的相关活动，可以说是修己安人的深一层内涵。

第三节 有法中无法而无法中却有法

中国式管理最受人诟病的，莫过于看似有法却近乎无法。每一件事情处理起来，都好像"个案处理"一般。相同的"因"，居然会出现不同的"果"。

外国人，特别是西方人，就是基于这样的观察结果，推论出"中国人根本没有原则"。不幸的是，有些中国人竟然也不明事理地跟着附和："中国人拿没有原则当作最好的原则。"于是"没有原则的原则"不胫而走，甚至老子的精神及孔子"无可无不可"的主张也被怀疑。

问任何一位中国人："你有没有原则？"答案几乎千篇一律："我除了有原则，还有什么呢？"

孔子教导大家"三十而立"，其实是希望大家不要太早确立原则，以免在弄清楚事物的真相之前便把原则确立下来，害人害己。一个人15岁时，能够立志向学，抱定"学则不固"（学习的目的是多发现一些可以参考、选用的代替方案，使自己更加不固执）的态度，一直到30岁时，博学多闻，还要避免"不求甚解"的缺陷，才能够立下原则，以收"择善固执"的效果。从"不固"到"固执"，是个人修养的必经过程（见图2-11）。这中间的时间、空间因素，必须仔细把握，因为任何原则，都会因时、因地而变通，以致看起来每一次的表现都不相同。

有原则地应变，叫作"以不变应万变"；变来变去都不致偏离原则，称为"万变不离其宗"。一旦偏离既有的原

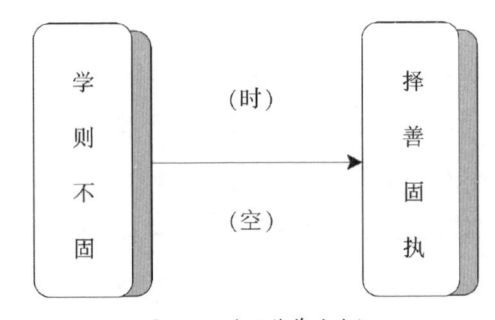

学则不固 —(时)(空)→ 择善固执

图2-11 个人修养的过程

则，便是"离经叛道"，为君子所不为，所以中国人必须"持经达变"，却千万不可以乱变。

"经"是方的，规规矩矩，实实在在，方方正正。"变"就是"权"，要变得圆满，才有资格称为"变通"，所以是圆的，千变万化，却能够圆融、圆通、圆满，变得面面俱到，使大家都有面子。

这种"内方外圆"，看起来很像孔方兄（铜钱的别称），难怪中国人十分喜欢（见图2-12）。方形的经被圆形的权所隐蔽，形成和西方人相反的包装哲学。西方人追求的是"把乱七八糟的东西规规矩矩地包装起来"，我们则擅长"把方方正正的东西故意包装得乱七八糟"。

中国人为了明哲保身，预防"君子可欺以其方"，深知原则一旦明确表现出来，为他人识破，就很容易被他人所掌控而不利于自己。我们善于隐藏自己的原则，不喜欢明说，其实是自留余地，不愿意作茧自缚，把自己套牢，动弹不得。中国人明确说出来的原则，多半弹性很大，说了等于没有说，令人觉得含糊不清，便是出于这种缘由。

我们非常欢迎"透明化""台面化""明确化"，但这是用来要求别人的。因为别人越透明化，越将一切台面化，我们越容易了解，越方便加以掌控；别人越明确化，对我们越有利。说起来这种期望，多少有一些不怀好意，希望借着别人的透明化、台面化和明确化，来增加自己的胜算，降低自己的风险。

现代以"法"代"经"，依法论理，法律条文变成大家不可触犯的原则（见图2-13）。但是中国人的观念，仍然是"理大于法""理的层次比法高"，喜欢在法律许可的范围内衡情论理，所以表现出来的，仍旧是比较圆满的情理，而不是不近人情的法。

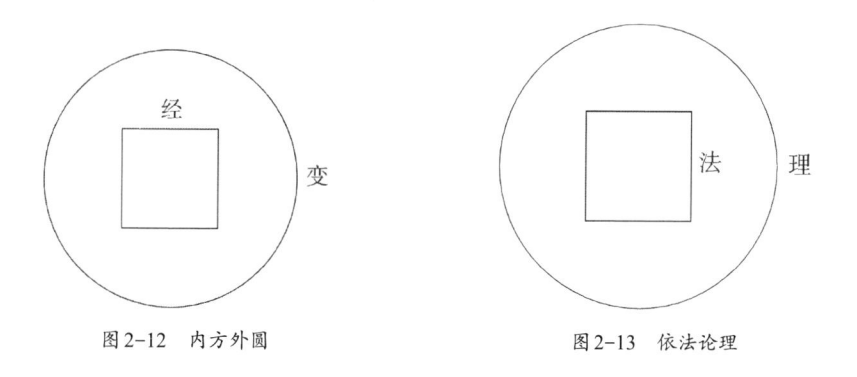

图2-12 内方外圆　　　　　　图2-13 依法论理

仔细观察中国人的习性，不难发现，当一个中国人有道理的时候，他喜欢讲道理，而不提法律条文；当一个中国人觉得自己没有什么道理的时候，他就开始引用法律条文，企图以合法来掩饰自己的无理或不合理；当一个中国人知道自己既不合理又不合法的时候，他便会通过无理取闹、谩骂他人的方式，来博取同情或乡愿式地和稀泥以求自保。

过去我们一直认为这样的行为根本不符合"现代化"的要求，既然和西方人不一样，就应该尽快改变。如今，随着经济的恢复和发展，我们是不是应该重新审视并思考自己的传统呢？

有法中无法可以产生两种截然不同的结果：一种是"权与经反"，即偏离原则，已经属于离经叛道；另一种则为"权不离经"，即在一定范围内灵活变通。前者为"投机取巧"，后者则为"随机应变"。中国人应该"随机应变"，绝对不可以"投机取巧"。不幸的是，很多中国人分不清楚二者，一味地把自己的"有法中无法"看作"随机应变"，把别人的"有法中无法"视为"投机取巧"，因而愤愤不平，自认为相当委屈（见图2-14）。

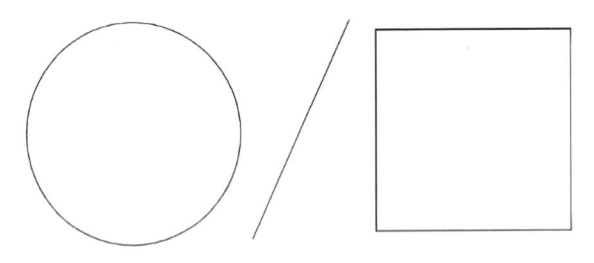

图2-14　权与经反

"权不离经"并不限定为"内方外圆"，有些情况还需要"外方内圆"，只要四个切点都在，便不能斥为离谱（见图2-15）。

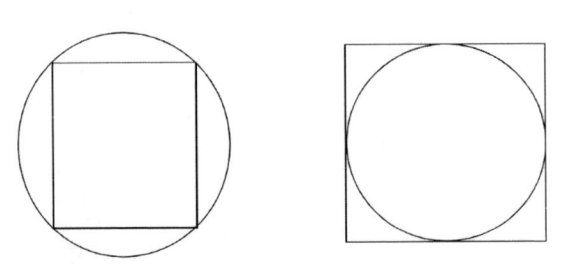

图2-15　权不离经

同样的道理，离经叛道也不一定要"权与经反"。有时候原则偏离得太远，即使不算相反，也已经十分离谱，形同乱变了（见图2-16）。

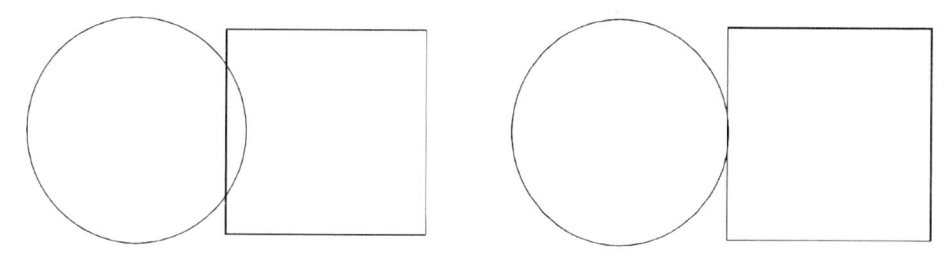

图2-16　变得离谱

人是活的，法却是死的。死的法律条文需要活的人来执行，因为活的人才能动脑筋衡情论理，而不是刻板地、不动脑筋地、公事公办地死守法律条文。

台湾立法机构频繁斗争，立法受阻，难道行政机构就要苦等法出炉后才去执行吗？行政机构明知无法可依，或者原有法律已经不合时宜，仍然坚持日常工作，处理诸多事务，所做的便是"有法中无法"，这有什么不对？可见只要切实把握"随机应变"的精神，摒弃"投机取巧"的心态，就不用害怕"有法中无法"。

第四节　以交互主义为哲学基础

美国式管理的哲学基础是"个人主义"（Individualism），把每一个组织成员都当作一个独立的个体，分别赋予权力和责任，称为权责分明；同时建立同工同酬的制度，以确保每一个成员都能够被一视同仁，享有平等的地位。个体之间通过契约来规范，依规定来运作。一切具体化、透明化、明确化、成文化，凡事依法而行。

以中国人的观点来看，人是父母所生，并非从石头里蹦出来的，一生中至少与父母有关联，怎么可以讲求个人主义呢？若是为人子女，在幼时依赖父母，长大以后就撇开父母不管，只管自己，父母为什么要全心全力照顾子女？难道不应该为自己的晚年生活考虑，留一些余力来照顾自己？如果父母为自己考虑，对子女的照顾有所保留，子女长大以后为什么要孝顺父母？反正各人管各人，各人走各人的路，对子女而言，负担也可以减轻一些。这样父母不全心照顾子女，子女也不孝顺父母，哪里还有什么伦理可言，又怎么称得上中国人的道理呢？

将权力和责任分得过于清楚，更是十分危险的事情。一般人对权力总是记得比较清楚，而且也会将其稍微夸大一些，因此拥有权力的人，很容易"滥用权力"或"逾越权力"，这种"滥权""越权"的现象，使得中国人不敢轻易"授权"。相反，对责任越清楚的人，就越不敢负责，于是能推便推，能拖便拖，尽量避免以自己绵薄的力量来承担过于重大的责任。

同工同酬尤其违反儒家的理念，因为儒家最可贵的精神在于"才也养不才"。人才可以分为"才也"和"不才"两种，前者为"能力强的人"，后者为"能力不足的人"。"才也养不才"的意思，就是"能力强的人，要为能力不足的人服务"。人生的意义既然在于服务，那么有服务的机会应该感激才对，怎么可以计较是否同工同酬呢？中国人普遍认为"能者多劳"是正常现象，而又大多自称"不才"，若是同工同酬，谁愿意多劳，又有谁愿意委屈自己为"不才"呢？

一视同仁，更是嘴上说得好听的话。我们主张"爱有差等"，推己及人，"老吾老以及人之老，幼吾幼以及人之幼"，有先后，也有亲疏。而一视同仁，带有"好人歹人不会分"的意味，那就是是非不明，不足以服人了。中国人比较偏爱"大小眼"，很难一视同仁。

个体之间，契约往往发挥不了太大作用，规定也常常形同虚设，遇到存心抵赖的人，契约和规定好像永远使不上力，结果就是契约和规定只能约束好人，却任由坏人逍遥法外，产生不了什么管理效果。

一切具体化、透明化、明确化、成文化，最大的隐患还是把自己束缚得完全没有回旋的余地，不是弄得自己被质疑，便是被人讥讽为"朝令夕改"。

这样看来，美国式管理确实有很多地方不合乎中国的风土人情，以致在中国实施起来格格不入，难收宏效。

中国式管理的哲学基础，有人认为是"集体主义"（Collectivism），其实不然。集体主义的奉行者应该是日本人，所以集体主义是日本式管理的哲学基础。

那么，中国式管理的哲学基础是什么呢？说起来十分有趣，就是我们经常挂在口头上的"彼此彼此""互相互相"。用古话来表达，是"敬人者人恒敬之"；以学术的观点来说，便是"交互主义"（Mutualism，也译作"互利共生"）。其最明显的表现，就是"一切看着办"。

看着办，看什么呢？看来势如何，再以"兵来将挡，水来土掩"的方式，因时、因地、因人、因事而制其宜。拿"不一定"的心态，来寻找此时此地"一定"的答案。从不一定到一定，便是中国式管理的决策过程。

中国人有时候也相当个人主义，因为"推己及人"毕竟是以自己为核心，设身处地也不过是将自己安置在别人的境遇当中。但是，中国人也十分重视集体主义，牺牲小我以成就大我的事迹比比皆是。

我们有时候也善于隐藏自己的能力，藏拙之外，还会藏巧，以免能者必须多劳，使巧者成为拙者的附庸。我们不坚持同工同酬，也并不反对自己获得的薪水比别人优厚。"不才"只能由自己说，若是被别人评价为"不才"，便会极力用行动来证明说这话的人实际上并不比自己高明。

一视同仁，也是我们的口头禅。因为中国人说话，讲究"妥当性大于真实性"，说一些听起来比较妥当的话，比这些话本身的真实性更加重要。

具体之中有模糊，透明之下掩盖着不透明的部分，明确到不明确的地步。文字本身的弹性很大，怎样解释都可以，便是交互主义的精髓。

从某种层面看，美国式管理同样有很多中国人运用起来得心应手的地方，日本式管理也是如此。

中国人奉行交互主义，在美国老板的领导下，尽量依照美国式管理而行；在日本老板的领导下，充分依照日本式管理来因应；回到中国老板的公司，马上依照中国式管理来互相感应。中国人擅长入乡随俗，适应力极强，步伐调整得十分迅速，应该是拜交互主义所赐，一切行动视形势的变化而变化。

说好听点儿，中国人善于随机应变；说难听点儿，中国人精于见风使舵。而归根结底，中国人尊奉交互主义，一看对方脸色不对，便会赶紧调整。合理的察言观色，加上合理的因应变化，便是我们常说的"中庸之道"。

中庸就是合理

朱子认为无一事不合理，才是中庸，后来反而被"不偏之谓中，不易之谓庸"淹没了，弄得很多人对中庸产生误解。

中庸主义如果称为合理主义，岂不更容易理解其真正的用意？合理的因应，便是我们常说的中庸之道。变来变去，只要目的是求合理，就不是乱变。

某事合理不合理，答案常常是"很难讲"。中国人经常把"很难讲"挂在口头上，意思是合理与否，很不容易论断，必须格外小心谨慎，才能够判明。

由"彼此彼此"来商量一个合理的解决方案，成为中国式管理协调的主要过程。

第五节　合理追求圆满

从组织成员的行为及行为特征，我们可以看出管理的基本性质。

一般来说，西方人比较重视理性的思考，他们习惯于依据是非来进行判断，而且接受"对就是对，不对就是不对"的二分法观念。只要表现出"是"的行为，便认为是"对"而加以接纳。

西方社会的是非，似乎比较单纯：法律的规范，加上专业的评估，以及大多数人的意见，分辨出来的是非，便是大家判断的依据。

法律人才众多，法律事务繁忙，占去很多管理成本。政府利用法律条文来规范大众的行为，而专业人士则运用专业知识来控制人们的行为。法律和知识不足的时候，便会采取多数表决的方式。西方人虽然内心也会怀疑这样的管理到底是否符合理性的需求，但是大多数西方人都循规蹈矩地安于这样的"法治"生活。

中国人的理想比较高远，不能忍受法律、契约和种种规定的束缚。

依中国人的实际体验，契约永远不够周全，再怎么严密，都会欠缺一条，而且正好是我们所要寻找的那一条。就算找到了我们所需要的那条契约，我们也会发现中国文字充满奥妙，同样一条契约，无论你怎么解释，都可以言之成理。中国文字的弹性大，文法结构也很松散，用来订立契约，解释起来往往会引发很多争议。

契约的拟订，必然有利于提出的一方，否则不可能被通过。被要求签订契约的一方经常处于弱势，签订契约的时候，好像获得签订的机会比契约的内容更重要，哪里还能够推敲、思考、提出疑问、推迟签订呢？

常见的情况是：拿到契约的时候，看看是不是通用的版本、大家拿到的是否都一样，如果是的话，那就比较放心，反正大家都敢签，我还担心什么？

既然是通用的版本，而且那么多人都签了，我就不好意思多费时间逐条审视，因为再仔细看，也弄不清楚它的真正意义，而耗时久了，看得太仔细，就表示对提出的一方不够信任，徒然增加彼此之间的不愉快，如果将来真的发生争执，对方必然会采取更加激烈的手段，对自己不利。

中国人签订契约，多半是出于"免得到时候不认账"的心理。而真正产生冲突时，便会认为"怎么会有这样的规定？早知如此，我根本不会签"。中国人并不是存心抵赖，我们的态度十分简单：合理的规定必然遵从；不合理的规定，就算签订了契约，也不算数。这种态度对提出契约的人形成了一定约束，使他们在拟定契约时力求合理。

中国人拟定契约的时候，也会严苛一些，对提出的人比较有利。在实际执行过程中，也会将规定放宽一些，允许签约人赖一点小账，不敢再理直气壮地反咬过来。

中国人提出契约时，大多经过了"执行时让开一步，使签约人觉得占了一些小便宜"的前瞻思考，以期获得比较圆满的结局。

条文怎样订，契约怎样写，对中国人而言都不是很重要。我们的要求是"过程要合理，结局要圆满"。

甲乙两个单位，彼此合作多年，虽然发生过一些争执，却每次都能够圆满解决。后来两个单位忽然想起必须签订契约，才够现代化，可多次会商后，竟然引起"没有契约，大家各凭良心，有事好商量；如今要签订契约，一切往最坏处想，以确保自身的安全，而且有了契约之后，依法处置，也无法凭良心了"的讨论，充分凸显了中国人"理大于法"的精神。

一切求合理，有法无法都一样，这种"人治大于法治"的做法，迄今为止仍然是"合理追求圆满"的主要依据。

中国人比较重视"情性"的表现，是既不完全理性，也不完全感性。"情"是中华文化的瑰宝，表现为"心安的话，就表示合理"。我们习惯于根据心里好过不好过来进行判断，很早就摆脱了"对就是对，不对就是不对"的二分法陷阱。

孔子早已提出"情治"的概念，他所说的"德治"，其实就是"用情来感化"。如果组织成员之间能够"心有灵犀一点通"的话，还有什么是不能沟通的呢？

合理是变动的，此时此地合理，换成彼时彼地则不一定合理。圆满也是变动的，对某些人来说十分圆满，换成另一些人可能就不圆满。情感当然也是变动的，情治的管理使中国式管理与西方式管理存在极大不同。

情治的管理并不否定法律、契约的重要性，它同样需要法律或契约作为参考的基准。很多人对于"将法律条文作为参考依据"的说法十分惊奇，也非常担心距离"法治"越远，管理的效果越差。

其实，法治是情治的坚实基础，在法律许可的范围内的情才是纯真的情，而不是滥情、私情。

多数人的意见并不一定对，因为情的修养需要相当的历练，不是一般人能轻易达到的境界。

法、理、情兼顾并重，而以情为指导纲领，一切在合理中求圆满，才符合中国人高水准的要求。

合理追求圆满，是中国人的行为特征。将法律、规定都作为参考依据，一切事物都在"参考法律，合理解决"中进行。每个人扪心自问，恐怕都会对这个答案会心一笑。

多数人在发表意见时，由于尚不能看到结果，往往依赖理性的思考；然而一旦看到结果发生在人身上，情感立刻占据上风，觉得"怎么会这样"而改变初衷。学校里老师监考时，将作弊的学生抓起来送到教导处，当发现处罚相当严重时，又出面为作弊的学生求情，便是最好的证明。

结果圆满，大家才能欣然接受；否则，即使是对的，大家也会觉得不太好。虽然没有人说它是错误的，但是总会给人一种奇怪的感觉，似乎有一些不合理之处，使人心里不好受。

第六节　用化解代替解决

中国人把二看成三的智慧,使我们在"解决"与"不解决"之间,找到一条"二合一"的途径,即"化解"。

遇到问题,马上动脑筋,想办法解决,乍一听很有道理,然而深层思考后,便不难发现,一个问题解决了,常常会引发更多的问题,弄得大家越来越忙碌,并不符合管理所要求的"省力化"。

道路修得越宽广,堵车的情况越严重,因为大家认为道路宽广,必然比较畅通易行,都挤到这条道路上,当然会堵车。

垃圾清理得越快速,大家便越放心地制造垃圾,使得垃圾清理更为困难。

资料复制很方便,大家便只看题目,不看内容,反正可以复印了,拿回去慢慢阅读。结果只复印不阅读,只知存档不知运用,造成资讯泛滥,徒然增加复印和存档的成本,却无实际的效用。

发现问题时,不妨先想:"不解决行吗?"如果不解决比较好,可以让大家的心思集中在这个问题上面,那就采用"明明能够解决,也要装迷糊,尽量拖延"的策略,等待时机成熟时,再果断地快刀斩乱麻,会显得更有智慧、更有魄力。采用这种策略可以增强员工的信心,大家会认为"到时候上司自然有办法,何必担心"。

不解决不行的时候,也不能立刻想办法解决。这时候先把问题交给次一级的主管去伤脑筋,同时让次一级的主管再将问题交给更次一级的干部去想办法。问题由上级提出来,大家才会重视;交由下级去动脑筋,他们才不至于过分理想化,对问题的答案寄予太高的期望,从而在答案不符合预期时产生失望。

上司当然有解决问题的答案,但是直接说出来,可能会引起大家的不满,因为讨价还价已经成为成交前的必要动作,大家期望通过表达不满的方式,使上司放出更多利益。

有答案却不说出来，先把问题交给次一级的人员去研究，一方面可以表示上司重视下属，相信下属的能力；另一方面则考验下属处理问题是否公正合理，是否会站在上司的立场思考。

中国人奉行的交互主义，注重将心比心，彼此彼此。上司既然尊重下属，下属也就应该为上司着想。这样一上一下，问题已经化解了一大半。

上司提问题，下属找答案，所找的答案符合上司的期待，上司可以同意；如果不符合上司的期待，上司还可以再提问题，让下属自己去调整。

这种化解的方式，必须做到"合理"的地步，才能持续有效，否则下属会认为上司在运用"借刀杀人"的计策，明明有答案，却故意不说出来，只想借自己的口和笔，按照他的意思把答案用白纸黑字表现出来，让大家骂自己、怪自己，甚至把自己看成马屁精，专门逢迎上司的旨意。

上司把问题抛出来，让下属去设法解决，下属必须广泛征求各方意见，避免闭门造车，导致上司不高兴，同事也不谅解。所以上司不能提出问题后立刻要答案，迫使下属依靠机智应答来交差。上司提出问题后，应该问一问下属，需要多长时间才能提供答案，下属自己会盘算大概要花费多长时间，以便与各方充分沟通。给下属合理的操作时间，正是上司具有丰富实务经验的最佳佐证，最能够让下属信服。

化解的作用，在于"大事化小，小事化了"，也就是"解决问题于无形"。因为有形的解决，很容易产生后遗症，让大家更伤脑筋。无形的解决，会让大家找不到继续攻击或联想的着力点，后遗症比较小。

职位越高，大家对他的答案越重视。因此如果由上司自己给出答案，什么漏洞都会被看出来，加上大家从不同角度一起审视，漏洞可能更加突出。这样一来，可能会引发一系列问题，岂非自找麻烦？

让下属找答案，上司在一旁观察，一方面可以看找答案的人心态如何；另一方面可以看哪些人蓄意中伤、恶意批评他人，把这些居心不良的人都抓出来，这样是不是在"人"的方面，也化解了不少障碍呢？

下属找出答案，上司予以肯定，同时再问下属："有什么比较好的方法可以落实？"

下属受到尊重，自然会推心置腹地进行分析，指出最难突破的瓶颈在哪里，最好怎么操作才能事半功倍。这样把实施的过程也"化"得相当顺利，又减少了若干可能产生的后遗症。答案妥善，过程简便，这便是"化"的效果。

问题由大化小，由小化了，大家多花一些时间在预防性思考和化解性考虑上，就可以少花一些时间在徒劳无功的努力上，避免陷入头痛医头、脚痛医脚的困境。

配合化解而不解决的运作，组织应该做到下述三点。

第一，重视发现问题的能力，而不是一味看重解决问题的人。把问题提出来，就应该给予奖励，使大家乐于提问题，而不是专心等待答案，然后表示不满。

第二，奖励小功劳，以避免有人刻意制造大功劳。大功劳往往伴随着高风险，如果不及时奖励小功劳，很多人可能会刻意制造大功劳，将对组织非常不利。

第三，凡遇问题，除非时间非常紧迫、事态十分紧急，否则一定要坚持"上司提问题，下属找答案"的原则，一上一下充分沟通，共同寻找化解之道，而不是一味自己想办法解决。

中国人喜欢第三类选择

在英国，客人来到商店门口，会先看营业时间表。几点开门？10点；现在几点？9点35分。此时英国人只有两种选择：一是"等"，等到10点开门；二是"走"，先去办别的事再回来，或者干脆一走了之。不"等"便"走"，不"走"就"等"，总共只有这两种选择，简单明了。

中国人呢？10点开门，现在是9点35分，中国人既不会等，也不会走。等，要等那么久，太浪费时间，万一等到10点，才发现今天临时暂停营业，岂不是冤枉？走，走到哪里去？走了还不是要走回来，同样浪费时间，万一今天提早营业，东西被买光了，岂非吃亏？

我们不等也不走，采取第三种选择：敲敲门看看。看什么？看里面有没有人在。有人怎么办？和他商量一下，能不能先让我们买东西？如果能，先买先走，可以节省不少时间；万一今天临时不营业，也可以去别家看看。

奇怪的是，第三种选择往往有效。因为有规定便有例外，何况早几分钟，又不妨碍别人，对方有什么理由非坚决拒绝不可？

"请问'部长'先生，究竟有没有关税？"台湾地区曾经出现这样的案例，而且当事人前后询问过两位"部长"，相信大家都记忆犹新。其中前一位"部长"想了半天，回答："没有。"

想不到中国人什么都相信，就是不相信没有。没有？没有才怪，还想骗人？这位"部长"就这样不幸地下了台。

后一位"部长"，当他被问到有没有关税时，想起前一位"部长"因回答"没有"而下台，认为时代已经改变，大家比较喜欢透明化、台面化、明确化，因此肯定地答复："有。"

这一事件引起了相关人士的紧张，以致他们全力反击，导致这一位"部长"也不得不下台。

如果这两位"部长"不那么西方化（现在称为现代化），知道取中国人所喜欢的第三种选择，回答"多少"（闽南话叫作"加减"），相信很容易获得大众的认同，而顺利过关。中国人宁愿相信"程度上存在差异"，也不愿意相信"有"或"没有"这两种极端的事实。

如果问西方人："你要咖啡，还是红茶？"答案不是"咖啡"，便是"红茶"。

偏偏中国人就不喜欢回答"咖啡"或"红茶"，因为在没有弄清楚"到底这里的咖啡更好还是红茶更好"之前，最好采取第三种选择，比较不容易上当，因此中国人会回答"随便"或"都好"。不过这里所说的"随便"有"不随便"的意思，而"都好"也意指"好的就好"。听的人千万不要会错意，以为真的随便哪一种都好。因为我们常常发现说这些话的人最不随便，也不一定真的都好。

"你要不要？"

"没关系。"

意思是"很有关系，只是现在不方便明说"，或者是"如果你有诚意，就代替我决定，不要叫我为难"。

"同意这么办，还是不同意？"

"还好。"

意思是"叫我怎么说呢？"

第三种选择，是中国人"明哲保身"的最佳表现。像喝咖啡或红茶这样琐碎的事，吃一点亏可能没有关系。像要不要、同不同意这样的决定，往往一开口就会招来很多麻烦，怎么能不预先防备呢？

有些人对明哲保身相当反感，认为那样简直毫无魄力可言。我们尊重这种不一样的价值观，但是不希望嘴上如此批评，自己却时刻不忘明哲保身。最合理的态度，应该是各人自主，不必苛求，因为选择的结果，人人必须自己承担，用不着别人多费心。

第三章 管理的三大主轴

中国式管理的三大主轴是以人为主、因道结合、依理而变，就是以人为中心，人是管理的主体，按照人能接受的道理来应变。中国式管理和伦理具有十分密切的关系。一个人的人品，往往是管理有效与否的关键。

20世纪70年代以前，日本人不敢说日本式管理，因为第二次世界大战的战败给日本人带来了很强的挫折感，以致对自己的文化失去了信心。虽然日本人实际运用的是一套和美国式管理很不相同的管理方法，但他们仍然不敢明目张胆地指出那就是日本式管理。就算明确说出来，也不过是换来人家的冷眼和嘲笑。

后来日本经济奇迹震惊世界，大家好奇地探究日本人究竟是怎么管理的。然而由于日本人中英文造诣比较深的已经不太了解日本文化，而少数说得出所以然的，并没有能力用英文把它表达出来；加上西方人至今丢不掉白种人的优越感，虽然有关日本式管理的英文书籍已经不少，但能够真正从中看出日本式管理奥妙的西方人仍是少数。

19世纪末期，美国兴起一股反形而上思潮，重视管理科学而轻视管理哲学。偏偏日本人一直强调管理哲学，将中国的管理哲学与西方的管理科学结合起来运用。美国人从管理科学的层面，看出日本式管理不过是美国式管理在日本本土化的结果；日本人当然不肯承认他们的管理哲学来自中国，循着茶道、围棋、柔道的旧路，只鼓吹日本式管理可以移植到全世界。

日本人对欧美宣称，东亚各国正在学习他们的管理方式，而且很有成效。以马来西亚为例，其"向东学习"政策，究竟是学习什么人？恐怕只有马来西亚少数高层人士明白。然而，可以肯定的是，一旦马来西亚成为经济高度发达的国家，并对马来文化建立起坚定的信心，马来西亚式管理的存在与价值就会得到广泛认可。

其实，站在管理科学的层面来看，管理便是管理，有效最要紧，分什么美国式管理、日本式管理？简直多此一举。站在管理哲学的层面来看，既然各民族长久以来已经形成不同文化，当然有其不同的管理模式。无论我们承不承认日本式管理，也不管日本人什么时候才敢承认日本式管理，日本式管理早已存在于日本人的生活之中，就像汉唐之际早已出现中国式管理一样。

台湾地区被日本殖民统治50年，日本人费尽苦心要将台湾地区殖民地化。结果50年过去，日本人撤退，日本式管理也大部分随之消失。尽管老一辈受日本教育的长者偶尔会标榜"我是受日本教育的"来暗示自己"正直而诚实"，有别于光复后没有受过日本教育的人。但是，日本是战败国，说自己具有日本精神，到底不是光荣的事，所以很少有人愿意说自己所施行的正是日本式管理。

光复以后，由于美国经济蓬勃发展，科技领先世界，于是美国式管理自然而然成为现代化的标志。

经过40年的奋斗，台湾地区好像也创造了经济奇迹，可惜我们不敢像日本人那样，说自己有一套管理理论。

那么，我们的成果是来自美国式管理吗？老实说，有很多管理者完全是土法炼钢，也照样赚钱、照样立业，问他是怎么管理的，他会说："多半是东听西听，加上自己的想法，凑合起来的。"

这种答案告诉我们中国式管理基本上是一种凑合而成的东西，因为我们的文化特质，就是包容性极强，能够把各种看到的、想到的、听到的凑合在一起。

平心而论，中国式管理当然存在，只是我们行之日久，反而说不上来，而且久未整理，已经杂乱无章。最主要的，还是我们对自己的文化缺乏信心，不敢说它。我们现在把中国式管理的三大主轴分述如下，以供参考。

1. 以人为主：主张有人才有事，事在人为，唯有以人为主，才有办法把事做好。中国式管理，可以说是人性化管理。

2. 因道结合：认为制度化管理不如以理念来结合志同道合的人士，大家有共识，更容易齐心协力，将原本分散的力量汇聚集起来，发挥巨大的能量。

3. 依理而变：合理解决一直被视为比依法办理更合乎道理。中国式管理，也可以说是合理化管理。

第一节　以人为主、因道结合并依理而变

西方管理，主张以"事"为中心，把工作分析妥当后，采取明确分工的原则，划分出不同的部门，规划好所需的职位，然后按照各个职位的实际需要拟好所需要的人才标准，写成工作说明书，并且依据拟订的标准来选聘合适的人员。

这种"因事找人"的方式，"人"必须配合"事"的需要，显然是以事为主的一种管理方法。

中国式管理，迄今为止仍然以"人"为中心。工作分析不妨照做，但是进行人员分配和部门划分的时候，大多依据现有的人员，采取"量身定做"的方式来规划。如果现有的人不完全符合工作岗位的要求，那么管理者便会在工作职责表的末尾加上一条"其他"，以便弹性应用，因人而适当调整工作内容。

这种"因人设事"的方式是以"事"来配合现有的"人"，必要时再向外找人。以人为主，是中国式管理的第一特色。

通常在一家公司刚组建的时候，会采取"大家一起来"的策略，没有分工，也不设置任何职位。在这种模糊不清的局面当中，最容易看出各人的特性。于是就对现有人员加以评估，因人而设事，建立起初步的组织。有两个人适合当主管的时候，我们把公司先分成两个部门；等到再有人非当主管不可，或者具有担任主管的能力时，再变成三个部门。我们的组织常常变更，然而大家心里有数，这完全是依照"人"的需求，只是口头上一定要说是基于"事"的需要。

中国人相信"事在人为"，所有的事都是人做出来的，所以管理应该以人为主。

以人为主，需要什么样的人呢？因为分工不明确，主管和员工都可以借用"其

他"来多做或逃避,所以必须寻找志同道合的人,才能够在"道"的共识中,将心比心,用心来配合,以求协调。

西方管理以事为中心,若人不能配合事的要求,就应该更换,所以主动辞职或被解雇成为家常便饭。

同样是以人为主,日本式管理大多采取"终身雇佣制",人没有变动,反而是工作岗位不断地调整,人不动事动。然而近年来,这种制度在日本逐渐式微,因为雇佣长工的成本实在太高,企业越来越难以承受。

中国式管理介于"短期雇佣"和"长期雇佣"之间,采取"合则留,不合则去"的原则,更有弹性。合或不合,取决于"道",也就是今日常说的"理念"。大家理念相合,可以同甘共苦,那就愉快地留下来,一起为理想而奋斗。若是理念不同,与其拖拖拉拉,浪费生命,不如快刀斩乱麻,挂冠求去。

因道结合,是以人为主的基石。苟非理念相同,很难以人为主而又密切配合,所以中国式管理,首重"道不同,不相为谋"。要开拓事业,先要找到三五位志同道合的亲友,再作计议,否则就算勉强开创事业,不久也将因分歧而分道扬镳,白忙一场。

中国式管理还有一个"变动性"的特色,那就是"依理而变"。一切变来变去,变到合理的地步为止。

组织变动,是随处可见的事实。每次到一家公司,问"有没有组织系统表",答案必然是"有"。当然有,不可能没有。问及"能不能借我看看"时,对方回答"可以",拿来时却不忘补充说明"这一张是旧的,新的正在印"。可见组织变革,对中国人而言乃是常事。

计划变动,是人们常见的行为。计划确定之后,执行的人就开始动脑筋加以变更。这种"上有政策,下有对策"的作风,几千年来都没有改变。一切照计划而行,不过是冠冕堂皇的话,实际上一切都在变动,而且非变动不可,因为计划确定之后,势必会产生若干变数,不变动计划,怎么能够因应变化,又怎样使工作得以顺利推进?

人员变动,也是不可避免的事。人心善变,即使是志同道合的伙伴,不久之后也可能变得志不同、道不合。这时候一句"人各有志",便可以转身离去。这种人员的动态变化频率称为人事流动率,在中国式组织中,人事流动率通常高于日本而低于美国。人事流动率达到合理的水平,最为理想。

工作变动,表现在中国人欣赏"多能"大于"专业"。专业当然是必要的,但是多几样专长岂不是更好?中国人比较喜欢"通才",因为弹性较大,变动起工作来更加容易胜任。

制度变动,大多是外在形式不变而实际内容改变。同样的制度、同样的组织、同样的人员,只要主管变动,一切都会跟着有所变动。虽然嘴上说"萧规曹随",以免引起抗拒或批评,但实际上一定会不断改变,以行动来证明"新人新政",让大家知道新任主管真的有三把火。

事实上,当中国人说"就这么决定"的时候,我们就应该明白此时"已经要开始变动"了。

中国人的"变动性"极强,而"持续性"也极高,这是比较不容易了解的部分。"变动中有持续,持续中有变动"可以说最合乎中国人擅长的中庸之道。

只要合理,怎样变动都可以,这是中国式管理的基本特性。变动要合理,必须依理而变,绝对不能乱变。

中国式管理相对于美国式管理、日本式管理而言,具有上述"以人为主""因道结合""依理而变"三大特色。这三大特色,说起来都以"人"为中心,人是管理的主体,基于人的理念来组合,按照人能接受的道理来应变。所以说中国式管理最合乎人性。

在中国社会,人治的色彩永远大于法治。大家口口声声说法治,但没有人心里不知道"徒法不足以自行"。人来推行法治,到头来还是以人为主。

对于组织来说,有共识最重要,缺乏共识的时候,内部成员往往自己先争论不休,纷争不断,力量分散了,徒有组织之名,凝聚不成真正有效的组织力。

人的理念、行为都会变动,所以制度、共识、态度都不可能不变。归结起来,中国式管理的最高智慧,即在于饱受一般人误解的"以不变应万变"。

第二节　人伦关系十分重要

管理是修己安人的历程,以人为主,人与人的关系在中国式管理中显得特别重要。有关系,没关系;没关系,有关系。中国人听起来特别有感触。

在中国社会,有人就有派系,人与人之间的复杂称呼,充分表现了人际关系的错综复杂。

人际关系或人群关系,实际上都不是中国人真正需要的。我们真正需要的是人伦关系,也就是把人际或人群和伦理合在一起,建立一种"差别性"的关系。

伦理要求长幼有序,这基本上是一种不公平。父父、子子,应该各如其分;君君、臣臣,也就是上司、下属,应该各自扮演不同的角色。但是,这些角色彼此之间,必须维持"合理不公平",而不是平起平坐的"不合理公平"。这二者必须谨慎把握,才不致出差错,使自己不明不白地遭受所谓的"公平"带来的负面影响。

中国式管理和伦理具有十分密切的关系。一个人的人品,往往是管理有效与否的关键。人的品格是后天修养得来的,并不是天赋或命定的,就算我们认为天赋人权、人生而平等,也应该后天养成习惯,以公正却无法公平的心态,来接受"我们凭什么和人家比"的不公平的事实。

只要不公平到合理的地步,便是公正。

西方人讲伦理,不是偏向个别性,便是偏向全体性。前者发展为个人主义,后者发展为集体主义,两者都是偏道思想。中国人一直秉持"二合一"的态度,将"个人主义"和"集体主义"这两种极端的想法合在一起,形成"交互主义"。既不偏向个人,也不偏向集体,讲求"在集体中成就个人",是一种"中道主义"。

对中国人而言,佛教所主张的"人人具有佛性",与我国的"人皆可以为尧舜"本质并不相同。"人人具有佛性"所说的是人的先天性,即人一生下来就具有佛性;

"人皆可以为尧舜"则是后天性的修行，必须具有强大的意志力，体认尧舜的价值，才能够成为尧舜那样的人。

基督教的"民主"观念对西方管理产生了很大的影响。管理民主化，也和我国"天视自我民视，天听自我民听"的观念不同。这是实际从事管理活动的人不能不慎重考虑的。

中国人的伦理，相较于其他民族发展更早，而且更为完善，我们应该下定决心，从我们这一代人开始，将我们的伦理与西方现代管理科学结合起来，形成现代化的中国式管理，并将其发扬光大。

人伦关系，便是以伦理的观点来建立合理的人际关系。上司永远是上司，必须礼让他三分。我们可以用实际行动来坚守这"三分"的分际，却不可以明言，用言语明白地宣称"上司太过分了"。

君臣、父子、夫妇、兄弟、朋友五伦当中，以夫妇为基础。评判一个人的人品如何，必须从人际关系中考验其道德修养。而人际关系中，又以夫妻关系最为密切，这一伦都做不好，遑论其他。组织如果能够重视成员的家庭情况，从成员的夫妻关系来考察其管理能力，相信必有意想不到的好处。家庭和谐，乐在工作才有实现的可能。

人伦关系的重点，在"公正"而"不公平"。古希腊和我国一样，主张"公正是道德的总枢纽"，但是在解释上有明显的差异，亚里士多德认为公正必须合法而公平，我们却认为公正是合理（理大于法），并且实现真正的公平相当不易。

对上要有礼貌，但不可以谄媚、讨好；对下不宜太严苛，也不能过分宽松、纵容；对平级同事，不必太拘束，也不可以过分熟、不拘礼。这中间的轻重分寸，必须因人、因时、因地、因事而适当调整，这样才更容易形成良好的人伦关系。

第三节　多元化社会更需要共识

世界如果不能统一，人类即将趋于毁灭（One World, or None）。地球村的形成，原本是人类求生存的一种途径。要求生存，必须天下为公，世界大同。

大同绝对不是一同，世界统一并非一致地接受某一种文化的洗礼，全体人类都过着同样的生活。大同必须包容小异，也就是尊重各种不同的文化，允许存在各色各样的生活方式，共存共荣，彼此都能够互相欣赏。

在交通不便、资讯不发达的时期，为了保护自己的文化不受其他文化影响，人们大多采取闭关自守的策略，将和自己的文化不一样的东西斥为异端邪说，尽力排除，以维护自己文化的单纯性和一致性。

就整个世界来看，不同的民族具有不一样文化。然而，就同一民族而言，血统、语言、文字、生活方式、风俗习惯及意识形态，可以说相对一致。不同的文化分别存在于不同的地区，彼此力求相安无事，适当地进行限制性的交流。

自从美国、苏联两大阵营对立的局面瓦解以来，交通越来越方便，资讯越来越发达，加上交流越来越难以限制，使得原本各据一方的不同文化开始广泛交流并互相碰撞，形成了多元化的社会。同一个地区，可能存在众多不同的文化。那些原先十分有凝聚力的血统、语言、文字、生活方式、风俗习惯及意识形态，似乎一下丧失了约束力，再也无法限制人们的行为和思维。

以前，企业经营管理不必强调什么企业文化，整个社会的想法十分相近，无论哪一家企业，都要按照社会风气所允许的方式来进行经营管理。员工无论来自何方，彼此的观念都十分相近，一旦有人有一些奇怪的言行，马上会被同仁所觉察并制止。

现代多元化社会，企业经营管理必须重视企业文化，因为即使是同一地区，大家的想法也很不一致。每个人都有一套主张，而且都言之成理，这种情况下，喜欢讲道理、怎样讲都有理的中国人更是一人一义、十人十义，彼此意见存在很大分歧，非常不容易整合，很容易形成"只要我喜欢，有什么不可以"的反伦理、不道德的局面，令人心痛不已，一些人因此便认定中国人不适宜实施民主化的管理。

这种见解，显然又陷入"民主""不民主"二选一的二分法陷阱，不适合中国人的思维方式。我们最好把民主和不民主合起来想，才能够顺利地在现代这种"嘴上说民主，心里想的并不是西方那一套民主"的中国社会，构建出合理的企业文化。

一般来说，企业的平均寿命只有7年。生存不到7年的企业，根本谈不上企业文化，因为谁也不知道它什么时候面临倒闭。而生存超过7年的企业，就需要用心构建企业文化，以期生生不息，永续经营。

事实上，企业刚成立的时候，用不着企业文化的约束，大家在"蜜月"期间，自然尽心尽力，对于权利、义务，并不十分计较。此时大家关注的焦点是开拓市场、促进销售，没有心思去想一些别的。市场没有问题，财务便会伤脑筋起来，往往销售得越多，财务越吃紧，因为资金周转相当困难。大家看到老板披着风衣，抓紧手提包，经常为资金而奔忙，也就没有太多的怨言。等到市场、财务逐渐走上正轨，人事问题必然正式登场：原本没有意见的地方，现在有了抱怨；本来认为无所谓的事情，现在也开始计较起来。于是，企业文化就成为修己安人的一套准则，也是有效管理的基础。

在企业文化多元化的社会中，组织内部达成共识的意思是企业要想生存，必须上下一心，成员具有相近的想法，以期步调一致，产生同心协力的效果。

中国式管理的特色之一，是组织成员因道结合。大家合则留，不合则去，在多元化社会中，少数志同道合的人合作，为达成同一目标而共同奋斗。

企业和政府是不同的。政府并没有选择人民的权力，生为国民，政府一定要接纳，无法将任何人排除在外。企业则不同，企业有权力选择成员，只让通过筛选、面试、试用的少数志同道合的人成为组织的一分子。若是企业放弃此项权力，让志不同、道不合的人来任职，等于有门而不知设防，有人而各行其道，不但难以管理，而且不容易持续生存。

社会相当一元化的时候，各企业的文化稍有不同，但相去不远。但在社会日趋多元化的时代，企业文化的差异越来越大，必须倍加小心，合理地加以调整。

管理者重在决策，组织中如果没有人能够拍案定夺，事事要公听、公证，而且意见纷扰，莫衷一是，请问如何有效管理？

中国人不赞成独裁，因为一个人再有智慧、有能力，也不可能事事精通、无所不能。百密一疏，稍微有一些差错，独裁的后果就不堪设想。然而，西方民主制度在两百多年的发展历程中，也暴露出许多弊端。

中国人知道把民主和独裁合起来看，找出二合一的形态，即为专制（见图3-1）。凡事未定案之前，我们秉持高度民主的原则，大家有意见尽管说出来，谁都不用害怕表达。但是一旦拍板定案，便会严格贯彻执行，对违规行为进行处罚。这种中国式的民主，叫作"开明的专制"，大家为了顺应时代潮流，把它称为民主。以"开明的专制"来构建我们的企业文化，比较符合实际需要，更有助于凝聚人心，使大家同心协力。

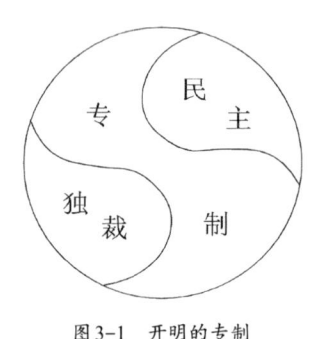

图 3-1　开明的专制

第四节　依理应变，以求合理

如前文所述，中国式管理具有三大特色：以人为主、因道结合、依理应变。这三大特色，其实是一以贯之，目的在于依理应变，以求制宜。在变动的环境中，尤其适用。

为什么说依理应变，而不说依法应变呢？因为从时间的角度来看，"法"是"过去"的结果，"情"是"未来"的铺垫，只有"理"才是"现在"的指标。

所有法，都是基于"过去"的经验，在"过去"根据设想而订立。往往时过境迁，执行起来就觉得窒碍难行，若是强制执行，必然引起反弹。

人情是为了"未来"而设想，希望在"未来"有所获益。一旦陷入危急，对"未来"丧失信心，大难来时各自飞的情况，远比大难来时要同担来得容易且多见。

当前所面对的"现在"，既不能完全依据过去所订立的法，也不可能寄望于未来的情。完全依法办理，不是被视为刁难，便是被当作不用心、不负责任。寄望未来的情，就如同临渴掘井或临时抱佛脚，总归是来不及了。

现在的情况，最好依"理"来应变。因为理会变动，具有弹性，可以因时制宜。

中国式管理的总体目标，在求"时中"，就是"时时都合理"的意思。时间变动，理也跟着改变，所以随时应变可以解释为"随着时间而合理应变"，成为中国式管理的"权变"的特色。

依理应变必须掌握下述三个要点。

第一，依理应变绝对不是求新求变。中国人从《易经》的道理当中发现：变的结果，有80%是不好的，只有20%堪称变得良好。我们常说"人生不如意事十之八九"，便是人生离不开"变"，而变的结果十有八九不好，因此时常不如意。求新求变偏重"变"的一面，这实际上是一种偏道思想。我们必须将"变"和"不变"合起来想，从二合一中把二看成三，找出一条"不可不变，不可乱变"的合理应变途径，而不是一心一意求新求变，最终造成乱变。

第二，依理应变要以"不变"为根本的思考点。本立而道生，只有站在"不变"的立场来思考"变"的可能，才能变到合理的程度。凡事先想"不变"，而不是先想"变"。如果不变很好，请问为什么要变？在不变很好的情况下却一定要变，不就是乱变？不变不好时，当然要变，这时候再来设想怎样合理地变。站在"不变"的立场来"变"，以不变为根本的思考点：能不变的部分，即不变；不能不变的部分，再来合理求变。苟非如此，多半会产生乱变的恶果。

第三，理本身就是变动的，所以应变之时，必须先找出当前的理，而不是依照前例来处理。依理应变，重点在于所依何"理"。公说公有理，婆说婆有理，到底谁有理？何况理随时空而变动，时空不同，理也不同。一般人之所以舍理就法，宁愿一切依法行事，是因为他们不喜欢动脑筋，又怕负责任，或者不善于思考，唯恐找错了理。有些人习惯于依例办理，按照先例依样画葫芦，实际上也是找不出此时此地的理，才不得不依赖先前的案例，以推卸自己的责任。

以人为主，才有办法依理应变；若是以事为主，那就只好依法办理了。因为人有思想，可以思考、判断，而事一旦离开了人，便变得刻板而固定，这正是美国式管理应变能力较差，而中国式管理比较具有变动性的主要原因，从而产生了美国式管理法治大于人治、中国式管理人治大于法治的根本差异。

以人为主，还必须因道结合，才便于依理应变。如果以人为主，这些为主的人却各有各的理念，而且这些理念不能相容，请问怎么找出共同的理？如何寻找出大家都能接受的方案？

只有理念相同，彼此达成共识，然后在大同小异的意见中建立大家的"时中"，才能顺利地依理应变，让大家都能接受。

严格说起来，合理不合理，不过是一种理想性的假定。因为理本身有一定程度的矛盾性，天底下很少有不含矛盾的事物。矛盾性在尚未表面化之前，不容易看得清楚，也不容易想得明白。一旦表面化，有时候已经变得僵化，不容易化解。所谓见仁见智，可能是有些人看出了潜在的矛盾，有些人根本看不出来；有些人能看出阴的部分，有些人却只能看到阳的部分，因而争执不休，各有各的见解。最麻烦的是，越是知道得不多的人，越固执自己的意见，以致自以为是，却认为自己择善固执。

中国式管理之所以将管理与伦理结合在一起，便是认识到依理应变的重要性，不注重伦理不能获得合理的效果。在当今民主化潮流中，伦理往往被忽视，甚至居然有年轻的大学教授在媒体上公开宣称道德良心已经起不了作用，而一些主持人也出于平衡报道的考虑，一再邀请此类人登台发表观点，这无疑是理不易明的一种恶果。

组织重视伦理，大家面对问题的时候，才能够互相尊重，进行深入的观察和分析，而不是仅从问题的表面来作出反应。能看透问题的人，往往是曲高和寡的少数，能被认真倾听并得到及时响应的并不多，因此他们大多不愿意坦率地表达自己的观点。民主最大的缺失，即在于知者不言，言者不知，浪费一大堆资源，说一些没有用的话，自己认为很热闹，很有作为，甚至很有贡献，实际上却增加了管理成本，对进步造成了阻碍，导致管理失效而不自知。

民主必须加上伦理，以民主伦理代替民主法治，在快速变动的环境中才能够凭良心依理应变，求得此时此地最为合理的"时中"，这是研究比较各种管理模式的时候必须明辨的。如果不能确立这一前提条件，那么空谈依理应变，充其量只能获得品质较差、多数表决的策略，不值得识者一笑，也难以真正实现管理合理化。

第五节　志同道合才能合理应变

企业的规模再大，也不过是少数人的组合。行政组织再庞大，真正可以左右大局的，也只是极少数的首脑人物。要求合理应变，其实有一个十分简单的要诀，可以说放诸世界而皆准，那就是我们常说的"亲贤臣而远小人"。也就是自古流传至今，代代都一再重复强调的"亲贤远佞"。

诸葛亮对后主刘禅的建议，在《出师表》中说得十分清楚："亲贤臣，远小人，此先汉所以兴隆也；亲小人，远贤臣，此后汉所以倾颓也。"

唐朝名相魏徵说过："用一君子，则君子皆至；用一小人，则小人竞进矣。"若小人把持朝政，君子遭受排斥，忠良尽遭谗害，岂有不灭亡的道理？

志同道合，是组织的首要条件。乌合之众，就算看起来声势浩大，然而各怀鬼胎，各有不同的利害标准，稍有风吹草动，即会如鸟兽般散去，不算是组织。

组织文化，便是组织成员赖以聚集的"道"所表现出来的独特形式。不同组织，有各种不同的道。同道并不限定于正道，邪道结合，同样是志同道合，却显然与正道相背。

这里所说的"道"，当然专指正道。什么叫作正道？就是一切依天理，凭良心所走出来的道路、所做出来的决策及所坚持并取得的成果。

依孔子的标准："乡人之善者好之，其不善者恶之。"凡善良的人，都表示欢迎、喜欢他，而为非作歹的人都表示厌恶、不喜欢他，这就是正道。特别要注意的是，善良的人大多比较谦虚、客气，不好意思抢着表达自己的意见，若非时机合适，不容易听到他们的声音；而巧言令色的小人，最擅长以小忠、小信、小慧来凸显自己，抓住机会就要作秀，他们常常呼朋结党，制造虚假的声势，以达到营私舞弊的目的。公开讨论实在和亲贤远佞背道而驰，特别是在主持者的水平普遍不高的社会，贤者袖手旁观，不贤者滔滔不绝，更是难以改变的可笑事实，古代殷高宗求傅说、周文王访姜子牙、刘备三顾孔明，都不是现代民主潮流所推崇的。

千人诺诺，不如一士谔谔，人多未必意见就好。流行的道不一定是正道，而传统更不代表必须丢弃。可见民主只是政界人士无可奈何的一种口号，企业管理民主化则是嘴上说说、实际上行不通的模式。

创业之初，以志同道合的少数人为伙伴；组织扩大之际，以组织文化来吸引慕名而来的同道，这样的组织，必能欣欣向荣，不断茁壮成长。

刘备在三顾茅庐之前，已经拥有大将关羽和张飞，然而奔走半生，仍然创业不遂，到处流浪，根本没有立足之地，他把这种不顺利的遭遇归于天意，说是"命途多舛，所以致此"。经过水镜先生的指点，他才恍然大悟，原来自己缺乏经纶济世之才。这激起了他强烈的求才欲望，于是他诚心诚意地三顾茅庐，把诸葛亮请出山来辅佐自己，最终成就了三足鼎立的大业，并留下一段求才的佳话。

志同道合的积极表现，在于能够委曲求全地找出合理的应变措施。

受到水镜先生的启发，刘备意识到决策人才是各类人才中的关键人物。他三顾茅庐，以实际行动来展示他礼聘高明的决心。但是，同样与他志同道合的关羽和张飞，并没有同样觉醒，以致第一次拜访时，关张二人都有些不耐烦；第二次拜访时，张飞开始发脾气；到了第三次拜访时，关张二人更是极为不高兴。如果刘备不能及时制止关张二人，这一段访才佳话大概就不存在了，诸葛亮也用不着"鞠躬尽瘁，死而后已"，三分天下的故事，也无从说起了。刘备作为大哥的威望，加上关张二人的伦理观念，终于三位一体，打动了诸葛亮，使他慨然应允。

刘备、关羽和张飞桃园三结义，是最好的组织形态。三人共同塑造组织文化，这才吸引赵云、黄忠等人才加入。这些志同道合的人，适时合理应变，最终建立了蜀国，并使之名列三大，创造出那个时代的重大变革。

但是，从三顾茅庐的故事中我们发现，结义的三兄弟对同一个事件的看法也存在很大分歧。在刘备心中，诸葛亮是安天下的奇才；而在关羽心中，诸葛亮不过徒有虚名；张飞更是把诸葛亮看成一般村夫。员工不了解干部的心思，干部不明白老板的想法，乃是常见的现象。

管理需要伦理的配合，在这种情况下体现得格外明显。刘备适时制止两位弟弟的无理，合理地应变，才顺利地完成不寻常的求才之举。

组织内有人能够拍板定案，才有决策可言。若是纷纷扰扰，七嘴八舌，今天做的决定明天还可以推翻，哪里有什么应变的力量？拍板定案的决策者拥有裁决权，在志同道合的组织成员中是不可或缺的首脑。

老板可以自己担任决策者，也可以选择让他人代为决策。刘备请到诸葛亮以后，感觉如鱼得水，几乎把一切决策权都委之于他。曹操则不同，他倾向于自己做决定，不轻易将决策权交给他人。他所信任的人，如郭嘉、程昱，不过是他可靠的助手，从未被授予决策权。

曹操的个人英雄主义和刘备的集体参与模式，都是志同道合的组织可以采取的应变方式。但是，在一般人心中，刘备的能力虽然看似不智不勇，却能够借众人才的力量，表现出真智和大勇。就连自视甚高、骄傲成性的曹操，在刘备处于低谷的日子里，也看出"今天下英雄，唯使君与操耳"。

志同道合只是合理应变的基础，重视伦理，建立共识，才能够在遇到变动时找到合理的平衡点。

中国式管理的三大特色：以人为主、因道结合、依理应变，不但可以因人而异、因道而异，而且同样的人员和理念，还能够因时因地而合理调整，以求制宜。

组织如此，成员个人也不例外，这又牵涉到另一个重大的配合问题：在动态中求取平衡，"上有政策下有对策"。

第六节　人人都合理地阳奉阴违

上司与下属之间，要"一团和气"，却必须提防"一事无成"。上下和谐相处，凡事一笑而过，有意见不好意思说出来，遇到问题能躲就躲，处理问题都以"虽然不满意，但是勉强能接受"的心态来对待，这种典型的和稀泥做法，是中国式管理的恶瘤，必须妥善预防，或者及早去除。

有意见就马上表示出来，被称为顶撞。喜欢顶撞上司的下属，往往难以在组织中久留，因为上司觉得被顶撞面子太难看，最终可能会翻脸无情。上司职位越高，这种可能性越大。

中国式管理的特色之一，在于以人为主，因此上司、下属这种人与人之间的关系显得特别重要。和直属上司处不好，哪怕有天大的本领，也难以施展。上司运用"应该让他做的事情偏偏不让他做"的"冰冻策略"，一下就能把下属变成"急冻人"，所有能力被冰冻起来，还能有什么作为？再依据工作说明书（职责表）的最后一条"其他"，把不应该给下属做的事情指派给他，让他做也不是，不做也不是，若不主动辞职，便要忍受煎熬，只此一招，就能轻轻松松地把下属赶走。

对上司百依百顺的下属，命运也十分坎坷。上司对下属随意调遣，下属稍有抗拒，上司就痛加斥责，毫不留情。

这时候中国人"把二看成三"的智慧，便能充分派上用场。下属应该在"顶撞"和"听话"之间，走出第三条路来。

既不顶撞，又不听话，那该怎么做呢？说起来相当可笑，那就是"阳奉阴违"。

合理地阳奉阴违，不就是中庸之道吗？

上司所说的永远都对，一旦有意见就很可能被当作顶撞。曹操当年亲征孙权，某日天气晴朗，风平浪静，大宴诸将于船上。高兴之余，曹操感叹"对酒当歌，人生几何"，扬州刺史刘馥劝说："大军相当之际，将士用命之时，丞相何故出此不吉之言？"曹操大怒，当场将刘馥刺死，虽然第二天懊悔不已，但刘馥的生命已然无法挽回。类似的情况，从古至今，屡屡出现。现在不能杀人，却也有一大套整人的办法，何苦以身相试！不如明哲保身，牢牢记住这一条准则：就算老板叫我去死，我也要答应"好"，反正不去死他也没有办法，何必嘴硬，跟老板逞强！

上司所说的永远都对，并不表示一定要完全遵从上司的指令去实践。因为依照中国人的惯例，上司所要求的是成果，而不是服从，不服从不行，效果不好更加不行。这样我们才能够理解，为什么下属百分之百遵照规定执行而效果不佳时，上司经常不屑地取笑："规定是死的，而人是活的，稍微变动一下都不会，到底有没有动脑筋？"尤其令人啼笑皆非的，是这样的话语："我叫你这样，你就真的这样？"可见上司下达指示，并不一定严格要求下属完全遵行。

上司的指示是正确可行的，下属当然没有理由加以变更。这时候上司所说的永远都对，后面还要加上"赶快认真地将上司所说的付诸实践"。上司的指示如果不正确、不可行，下属就不应该盲目依照上司的指示去执行，因为如果产生不良的后果，仍旧需要下属自己来承担，这是大家必须警惕的。上司的决策有所偏差，甚至发生重大的错误，下属在执行的时候，应该用心加以调整，使其产生"歪打正着"的效果，上司才会欣慰嘉勉。

自古以来，上有政策下有对策，已经成为众人所认可的行为。为求政策有效落实，不采取若干对策，行得通吗？合理的调整，其实才是有效执行上级指示的保障。不过，这种行为基于维护上司的面子，通常"只能做，不能说"。嘴上一定要说"依法办理"，而实际上经常"因时制宜"。

这种行为不是阳奉阴违吗？自然不是，因为大家都不喜欢这样说，这太可怕了，也太危险了。请问：谁敢承认自己阳奉阴违？哪个人不是理直气壮地声称自己依照指示办事？

中庸之道，说起来就是"合理主义"。中国人的事情，很难说对错，大多数是"合理就好"。

过分阳奉阴违，或者为求私利而阳奉阴违，当然不可取。但是过小幅度的阳奉阴违，有时并不能使政策有效落实，同样要背负起"不用心"的罪名。不用心什么？

不用心阳奉阴违罢了。

过与不及，都不合乎中庸之道。合理的阳奉阴违，才合乎合理主义的要求。

以人为主的中国式管理，讲求人的密切配合。人人都有自主的欲望，也都十分喜欢自动。因此中国式管理主张上司的指示只是规定一个范围，下属应该在上司规定的范围内，发挥自主的精神，采取自动的态度，自行衡情论理，用心地把事情做到合理的地步。

一些人认为"努力工作没有用"，因为这些人所谓的努力工作，大多是盲目依照上司的指示执行，自己不动脑筋，结果常常令上司失望，所以他们觉得没有用。我们认为"用心做事才要紧"，由于一切内外环境都时时在变动，上司作出决策之后，许多变数又陆陆续续产生，这时候盲目地依照上司的指示去做，也就是将责任推回去，让上司承担决策错误的后果，岂非陷上司于不义？

下属接受工作指派之后，应该随时注意不断产生的变数，用心去调整。在不违背上司给出的大原则的前提下，自动设法，自主决定，将工作做得合理。相信上司所期待、所欣赏、所赞许的下属，正是这种能够合理地选择对策并有效落实政策的人才。

第四章 树状的组织精神

上司要避免上侵下职，以免造成人力资源的浪费。

下属要让上司安心，使上司敢于放手让下属去做事。

对外的策略联盟，应该保持委曲求全的心态，缔造合中有分而分中也有合的关系。

把组织看作人和事的配合，以人为主，必须因人设事。

管理是什么？如果从事态发展的过程来看，管理就是"从现况走向未来的历程"（见图4-1）。

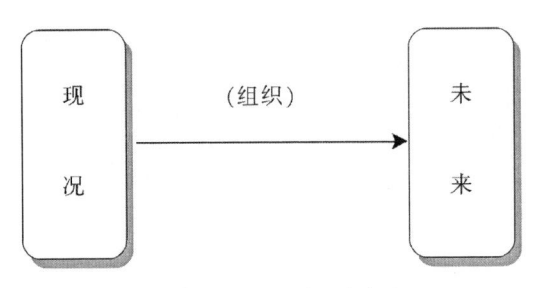

图4-1　管理是从现况走向未来的历程

单独一个人走向未来的路径规划称为生涯规划，表示自己的未来由自己来规划、来创造、来完成。

团体的未来，不能仅依赖个人的力量，否则无法获得群策群力的效果。这时候必须把众人组织起来。

上司必须避免上侵下职，以免自己过于劳累，而下属却有力使不出来，造成人力资源的浪费。因此下属就要以具体的行动来安上司的心，使上司敢于放手让下属去做事。上司还应该对下属有信心，让职位越高的下属拥有越大的弹性，却不视为特权而加以制衡。组织内部，固然要像树一般互依互赖，对外的策略联盟也应该保持委曲求全的心态，缔造合中有分而分中也有合的关系。把组织看作人员和工作的结合，也就是人和事的配合，既然以人为主，就必须因人设事，不必因为西方人重视因事找人而有所避讳。

在树木这样的组织中，完全看不出我们所担心害怕的本位主义。既分工又合作，使得组织欣欣向荣。各部分之间完全站在合的立场来分，依整体的目标来各尽其力，并且充分配合。

云施雨露，由树叶尽情吸收；地下水源由树根向上供应，各取所需，也各尽所能。

有些组织还要更进一步表现出有效的组织力，以免徒然拥有组织的形式，却无法聚合成员的力量，发挥不了实际的组织作用。

第一节　树状有机系统

一般组织形态，无论其为委员制、首长制或混合制，还是系统制、幕僚制或混合制，从"象"的角度来分析，都是同样的金字塔形（见图4-2），不过在层级上有多有少而已。这种金字塔形，由上而下地用直线（象征绳索）连起来，看看"像"（象即像）什么？

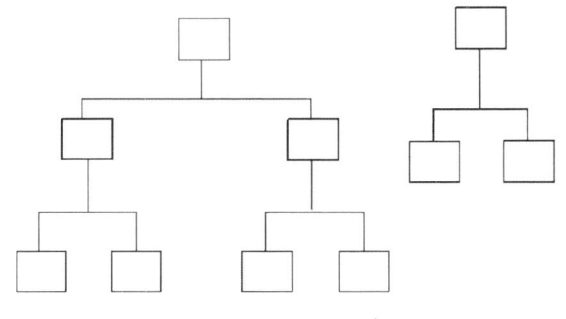

图4-2　一般组织形态

像什么？像一串肉粽（见图4-3）。老板高高在上，用手一提，这时候所有员工都像被绳索套得牢牢的肉粽，非但动弹不得，不能发挥个体的潜力，而且凡事毫无商量的余地，非要乖乖地听话不可，被人提到哪里算哪里。

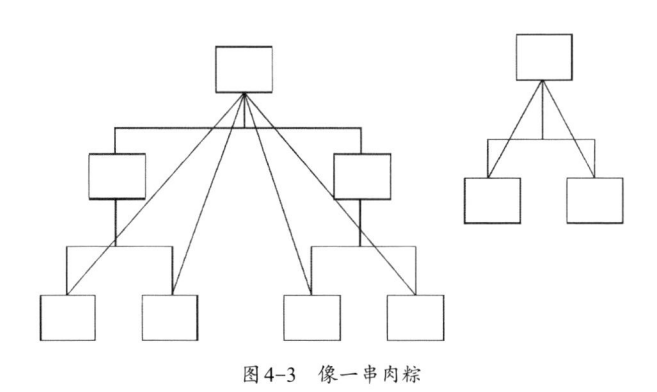

图4-3　像一串肉粽

在这种情况下，要员工自动自发，万一绳索断了，自己反而掉落在地上，摔烂了怎么办？何不顺势把自己"搁"在那里，只要不惹事，日子好过得很。

顾客很少和老板接触，大多和第一线员工打交道，于是顾客的位置被压得很低，根本谈不上"顾客至上"（见图4-4）。何况被绑得牢牢的基层员工，自己都动不起来，哪里能够为顾客提供什么服务呢？

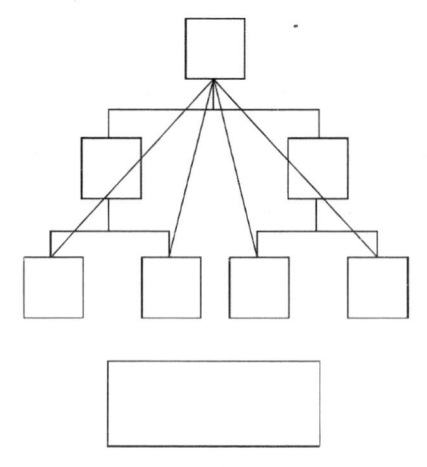

图4-4　谈不上顾客至上

中国式管理的组织形态，自古以来，就是呈现为树状的有机系统（见图4-5）。我们从"干部"着手研究。为什么叫作"干"部？因为他们有如树干；老板则是树头，所以称为头家，常常隐而不现，或者半隐半现。

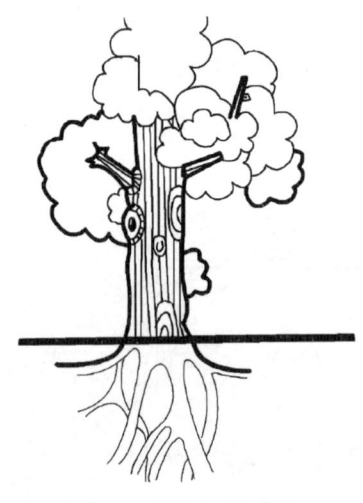

图4-5　树状的有机系统

树状组织并不是西方所说的"倒金字塔结构",因为它不一定那样刻板,无论怎样倒也要维持金字塔形(见图4-6)。

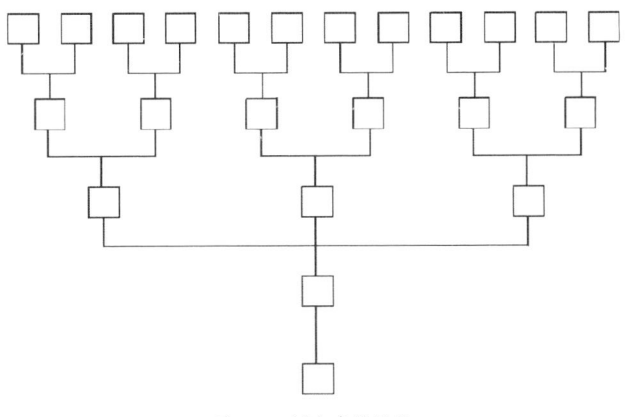

图4-6 倒金字塔结构

树木的生长,会随着外在环境的变迁而呈现出参差不齐的状态,该茂盛处自然茂盛,该枯萎时也适时枯萎。树状系统同样因应目标的变革,应该发展的部门,尽量让它扩大延伸;必须合并或裁撤的部门,也要让它萎缩或关闭,以符合实际的需求。

树木根部吸收水分,源源不断地供应给树干;树干也毫无保留地让枝叶予取予求。这种精神契合中国人"我支持你,你放手去做"的民族性。上司唯有抱持"你办事,我放心"的心态,下属才肯尽心尽力。若是事无大小,都要请示;件件事情都要设法牵制,下属就会还以"公事公办"的因循苟且、等因奉此的态度,而不求上进。至于上司如何才能放心,不致被信任的下属所欺骗,那是上司应该下的功夫,不在本书讨论的范围内。

开花结果是枝叶的事,树干向来不与枝叶争绿夺艳,可见干部的第一修养,在"不与员工争功劳"。干部权大位高,当然有机会也有能力抢夺员工的功劳,但是一次、两次下来,员工就不想表现了,因为他们觉得反正再努力也没有功劳,何必拼命为干部争光彩?

把成就感让给员工,才能够激起员工强烈的参与感。唯有员工积极参与,干部才能够称心如意地推动组织欲完成的任务,顺利达成预期的目标。

树木由根部到树干,从树干到枝叶,都是彼此互依互赖地发展,各部分都息息相关。有分工，却不会出现本位主义。对于树状系统，最重要的便是将从董事会（根部）到各级干部，再到基层的员工都纳入组织的互依互赖网。每一个成员都不是组织中乌合的一个个体，而是不可不缺、相互联系的个体。大家都深觉牵一发可能动全身，没有自己的全力配合，整个组织就会蒙受重大的损失，因而时常自我警示："不要因为我一个人不努力害了大家。"树木的自然生态以欣欣向荣为常则，树状系统也将因彼此互助合作、个人力求在团体中成就自我而蓬勃发展，呈现大家所乐见的一片荣景。

在金字塔组织形态中，最常见的互扯后腿、互相防备的现象，在树状组织形态中，由于彼此互信互赖，不会产生本位主义，而能得以化解。

枝叶能做的事，树干不要去做；树干能做的事，根部也不会去做，象征"下属会做的工作，上司不要争着去做"，十分符合管理的"例外原理"：上司处理例外的工作，而下属则处理非例外的例行事务，彼此分工合作，才不致互相争抢功劳而无人照顾全盘。

树干和枝叶相比要强壮得多，因此根部才觉得树干十分可靠，信任它去支撑众多的枝叶，即使枝叶随风摇动也相当放心。可见干部必须既有能力又表现得十分可靠，老板才会放心，否则老板放不下心，对干部多加干扰，员工又怎么能够信赖干部呢？事实上，员工能不能信赖干部，和老板是否信任干部具有非常密切的关系；老板是否信任干部，又和干部本身是否表现得可靠有密不可分的关系。可靠的干部，老板自然放心，员工也因而信赖，所以干部的修为，乃是上下合作无间的关键所在。

树干生长的时候，根部会尽量照顾它，让它茁壮成长，象征老板应该慎选干部，选定后用心辅导、训练，采取"寓训练于授权"的方式，放手让干部去表现。树干对于枝叶，也是如此，表示各级干部都应该用心选用合适的下属，教导他们，辅助他们，然后适才适任，指派合理的工作，放手让他们各自去表现，并且把成就感让给他们，使他们有贡献就能获得一定的激励。每一层干部放心让下属自动自发，自己才有时间、有精力在自己的上司面前自动自发。

中国人常说"万商云集""顾客如云"，也唯有树状组织才能实现。根部代表董事会，是生长与发展的源头；只要根部活着，拥有正确经营理念，春天来临就会复苏。和顾客直接接触的员工，有如枝叶般生长在树顶。顾客如云，像云一样飘浮在基层员工的上方，要求基层员工必须仔细观察顾客的表情，探究其需要，提供顾客所喜欢的产品或服务，这样，才能真正实现"顾客至上"（见图4-7）。

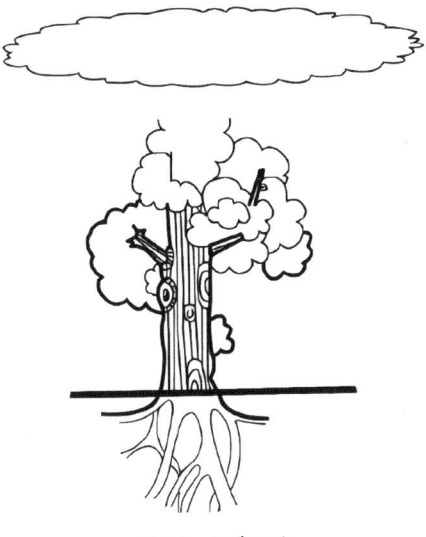

图4-7　顾客至上

第二节　避免上侵下职

俗话说：上下一条心，黄土变成金。上司与下属之间，能不能互相了解，彼此体谅，是管理是否有成效的决定性因素之一。上下级之间的默契，从避免上侵下职开始，以增强下属的信心和对上司的向心力。

所谓上侵下职，意思是"上司把下属的事情抢着办了，反过来指责下属偷懒、不负责"。

管理中原本有一条法则，称为"例外法则"：凡是下属能够处理的事情，上司不可以处理，应该放手让下属去做。因为上司的职责在于处理下属所不能做的事，如果下属不会做，上司也要以教导、辅助的方式，帮助下属学会、做好。下属会做而不敢做、不肯做、不多做，上司更应该找出原因，加以矫正、改善，使下属会做而且敢做、肯做、多做。

实际上大多数上司也自认乐得清闲，他们经常这样说："我并不是天生的劳碌命，一定要折磨自己才甘心。下属会做的，我当然让他们去做。但是下属做不来、做不好的事情，我要花那么多时间去教他们，不如自己来做，反而方便得多。"

除此之外，还有很多理由，使上司更愿意自己动手去做，而不是指导、辅助、监督下属去完成：

1. 看不惯下属笨手笨脚的样子，总觉得自己三两下就将工作处理好的轻快灵巧的手法，下属怎样都比不上。

2. 忍受不了下属慢手慢脚，不如自己那么迅速果断，一下就能决定、动手、办妥。

3. 不愿意面对下属的敷衍、拖延，干脆自己动手，表示"你不做，我照样可以完成"。

4. 不放心下属马马虎虎的态度，生怕下属搞砸了，自己再来收拾，更加麻烦。于是自己动手，以求安心。

5. 不希望下属认为"非我不可"，好像上司毫无能力，一切都要靠下属，因此做给下属看看。

6. 怕自己的上司认为自己偷懒，或者缺乏能力，所以始终保留一些工作自己完成，从而保护自己。

7. 有一些自认为不能让下属了解或参与的事，必须自己动手，才能保护机密。

中国人果然是"理由专家"，稍微动一下脑筋，便可以说出一大堆理由来支持自己的上侵下职，并且把所有责任都推给下属：上司不得已才如此，怪不得他；下属往往太不像样，活该被上司抢走工作，不是吗？

然而，深究起来，这些理由都站不住脚，不应该拿来当作借口，掩饰上司的错误：

1. 看不惯下属笨手笨脚的样子，上司最好先反省，是不是自己给了下属太大的压力，他才会这个样子？在上司不看下属的时候，下属就自在得很，哪里会笨手笨脚呢？看下属，让他紧张得要命，又怪他笨手笨脚，这合理吗？不如不看他，让他自己去调整，他自然越来越轻快灵巧，甚至还可能超越上司。

2. 忍受不了下属慢手慢脚，证明上司的忍耐力不强，也不能体谅下属的处境。下属在上司面前，永远显得比上司慢半拍，因为他对上司有所顾虑，必须多花一些心思去想上司可能的反应。上司在下属面前，通常比较有魄力，可以马上决定，立即行动；但是下属在做决定和行动之前，却需要先想一想上司会有什么样的看法，因而有些慢手慢脚，应该属于人之常情。若是下属心中根本没有上司，决定、行动之前毫不顾忌上司的反应，对上司更为不利。

3. 不愿意面对下属的敷衍、拖延，也是上司缺乏自我反省的表现。上司不应该指责下属，而应该检讨自己为什么会让下属产生这种消极态度，上司应该赶紧设法加以改变，而不是干脆自己动手。和下属赌气，并不是上司应有的处理方式。

4. 不放心下属马马虎虎的态度，很可能是上司对下属不信任的表现。通常上司越不信任下属，对下属越不放心，以至于下属无论怎样认真，在上司的眼中都是马马虎虎的。这种主观的偏见，必须由上司自己来纠正。通过给予下属初步的信任，并不断考验他们，逐步赋予他们更多的信任，下属自然不敢（至少不好意思）马马虎虎。

5. 不希望下属认为"非我不可"，其实是上司缺乏自信的表现。自信的上司，巴不得下属人人认为"非我不可"而勇于任事。只要能真正把事情做好，非他不可并不是坏事，下属就算有这样的认知，上司也不应该存心给予挫折，以免打击士气。当然，我们并不希望下属"非我不可"到"奇货可居"的地步，需要预先防止下属垄断、包办。

6. 怕自己的上司认为自己偷懒，或者缺乏能力，更是没有必要的顾虑。如果真的遇到这样的上司，让彼此的缘分早日结束，一点儿也不可惜。我们常常小看了自己的上司，低估了上司的评鉴能力，结果反而害了自己。

7. 不能让下属了解或参与的事，实在少之又少，因为对于真正的机密，组织必定有一套严密的保护措施，不可能由个人来决定要不要保密。除非有特别交代，否则一般都不需要上司操这种心。上下之间有这样的提防心，大概很难产生高度的默契。

上侵下职和上司是不是天生的劳碌命也扯不上关系。把下属应有的工作空间归还给下属，让下属在自己的工作空间里学习、磨炼，并且获得成就感，是上司应有的修养。下属能做的事情，让下属去做，上司越少干预越好，这样下属才能自己承担应有的责任。上司依循"例外原则"，要做的事情仍然很多，包括合理地指派工作、全面掌握下属的动态、及时指导和辅助下属、确保下属按时完成任务等，实在也不轻松，更谈不上偷懒。

上侵下职，不但会妨碍下属正常的学习、成长，而且会破坏上司与下属之间的信任关系，必须及早改变。

第三节　下属要安上司的心

中国人当然深知向上管理的奥妙在于"能做不能说"。公开说向上管理，会徒然惹得上司心里不舒服，对自己十分不利。

向下管理尚不可明言，何况是向上管理？让上司听见不免觉得好笑："我都不想管你，想不到你还想来管我！"不免下定决心，先下手为强，看看应该由谁来管理谁。

中国人为人处世的第一要则，便是"潜龙勿用"。通俗说来，即为"遮遮掩掩"，善于隐藏自己。

问一个人是否主张向上管理，他多半会回答："开玩笑，上司不管我就好了，还说什么向上管理！"心里却暗自嘀咕："你这样问，叫我怎么回答呢？"

向上管理的基础，在于安上司的心。唯有上司安心，才有向上管理的可能。若是一开始便惊动上司，引起上司的怀疑和不满，也就没有了向上管理的可能。

要安上司的心，事实上很不容易。上司对下属固然十分放心，却经常放不下心，这种说不出来的滋味，若非身临其境，往往难以体会。放心尚且不易，安心更为困难。想安上司的心，至少要做到如下三件事情。

第一，把自己分内的工作做好。任何组织成员都有其职责，工作做不好，上司当然难以安心；工作很努力，成果不良好，上司也放不下心。唯有以"用心做事，确保成果"来代替"努力工作，尽力而为"，才能够使上司安心。

一般人总认为努力工作已经相当不错，却不知要在哪些工作上努力，所运用的工具和方法是否正确，所达成的效果如何，所造成的后遗症如何，这些远比努力工作更加重要。至于尽力而为，含有"不敢保证效果如何"的意味，着实令人不敢放心。

用心做事，把自己的心思和事情结合起来，自然具有"确保成果"的决心和信心，上司才能够放心，进而安心。

第二，适时向上司汇报工作进度和预期的结果。一个人用心做事，难保不会遭遇困难，或者受到外来的干扰，能不能如期完成，结果是否良好，常常令上司觉得不安，产生"问也不好，不问也不好"的矛盾心理。

下属最好能够适时地向上司汇报工作进行得如何，有没有遭遇什么困难，是否已经解决，后续的进程如何，能不能如期完成任务，有没有圆满达成目标的把握。

上司不方便问，主要是顾虑下属的面子。下属主动向上司汇报，一方面自己有面子，另一方面也使上司安心。上司最担心害怕的是，一直认为没有问题的事情，到了即将验收的时刻，才发现不可能完成，或者品质甚差，无法交代，而且时间已经被耽误，难以补救。

第三，处处顾虑上司的立场和面子，不令其为难。越有能力的下属，越需要留意上司的面子问题，因为平时给上司的压力已经相当大，稍不留神，便可能"功高震主"，让上司觉得没有面子而恼羞成怒。

上司再看重下属，也要站稳自己的立场。有些事明明想答应，也会顾虑其他下属的反应而犹豫不决；有些事想要破例允准，可一旦有被公开出来的可能，也会断然拒绝。下属唯有处处顾虑上司的立场，才能够获得上司的全力支持，也唯有保住上司的面子，上司才敢放心地让这样的下属去施展实力。

上司安心、放心，自然会抱持"你办事，我放心"的心态，对于下属的建言多半听得进去，也乐于采纳。遇到什么问题，敢于找下属商量，给下属提供参与的机会。这样一来，向上管理的实际行动已经默默地开展，也容易在"不惊动上司"的情况下，获得较好的效果。

向上管理能不能持续进行，能不能持续获得效果，主要取决于下属能不能做到下面三件事情。

第一，把功劳让给上司，不抢功劳。下属用心做事，确保成果良好，更进一步把功劳归给上司，上司欣慰、喜悦之余，自然更加信任下属，更愿意采纳下属的意见，更乐于接受下属的影响。

和上司抢夺功劳，不但抢不过上司，而且容易招致其他同仁的排挤和围攻，后果比让上司伤心更为可怕。

第二，主动向上司提出有关未来的预测和规划。一般人只顾眼前的工作，应付眼前的问题已经焦头烂额，当然无法向上司提出未来的建议。但是相比现在，上司更加关心未来，因此能够预测未来动向并未雨绸缪的下属，常常更能获得上司的器重。

第三，不让其他同仁知道自己具有多少影响力，向上管理的效果才能持续增强。同仁之间无意的传言，足以引起上司的警觉，使其不敢过分相信下属，甚至刻意疏远。毕竟人言可畏，听到一些闲言闲语，上司往往会自我克制，以求保护自己，不受下属的左右。

同仁一旦了解自己在上司面前的影响力，就会想办法加以利用，希望沾一点光、占一些便宜。让同仁知道自己有左右上司的能力，固然多一些光彩，却也必然增加许多麻烦。

更要小心的是，上司可能因此而刻意摆脱自己的影响，产生若干负面的效应，对自己十分不利。

向上管理的真正目的，在于帮助上司认清事实，依据实况做出正确的判断，做出合理的决策，使自己能够更好地完成任务。

以"公益"为出发点，以"上司好，自己也好"的心态来默默地向上管理。有人赞扬或请托时，必须否认自己可以影响上司，还要指出一切由上司自行做主，自己充其量只是传达讯息而已。这样的向上管理，比较符合中国的人情世故，比较方便而且有效。

第四节　职位越高弹性就应越大

"只许州官放火,不许百姓点灯"这句俗话,在中国式管理的权变体系中,一直是一种不变的真理。它的意思是"职位越高的人,权变的弹性越大,越不受规定的限制"。

任何组织,基本都有其"组织层级",让成员一方面"分层负责",另一方面"知所节制"(见图4-8)。

中国式管理,讲求"分层负责",却不主张"分层授权"。因为"责任是下属应该负的,权力则是上司看情形而赋予的",下属只需要尽责任,不必太关心有没有权力。在上司心目当中,"下属善尽责任的时候,上司实际上已经充分授权;下属做得不好,未能善尽责任时,上司当然不能授权"。

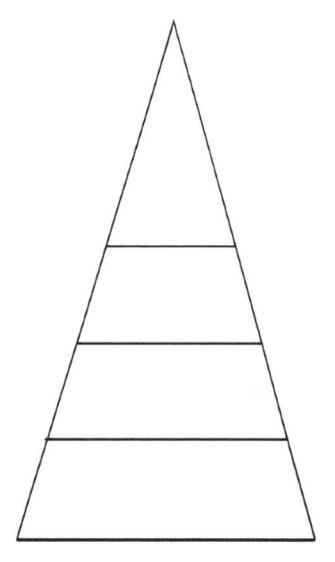

图4-8　组织的层级

西方人主张"先授权,下属才能够负起责任",中国人则认为"下属先负起责任来,上司才敢授权",这种先后的区别,成为西方式管理与中国式管理的较大差异。由于中国人具有"连坐"的习惯,所以在授权方面,上司必须更加谨慎小心,切不可轻言授权。

中国人的"分层负责",并不是"依据自己的权责范围,来尽自己应尽的责任",而是"按照上司的'经',来衡量自己的'权'"。"经"表示原则,"权"代表权宜应变。下属处理事情,最好依照上司的原则,然后视实际情况而应变。

组织成员负责的对象是领导,因为一切成败,实际上都归于领导。我们常说,领导的理念对组织成败的影响比例超过75%，便是基于这种缘故（见图4-9）。

领导的指示，常常被高阶主管当作不可抗逆的"经"。往往领导一句"我怎么不知道"，高阶主管就会马上修改规定，让领导可以知道他想知道的事情。而过一段时间，领导有意无意说的一句"这种事情为什么要报到我这里"，高阶主管也会立即修改规定，让这些事情从领导面前消失。因此，中国人的"法治"，长久以来一直被认为是"依据领导的法来治理"（见图4-10）。

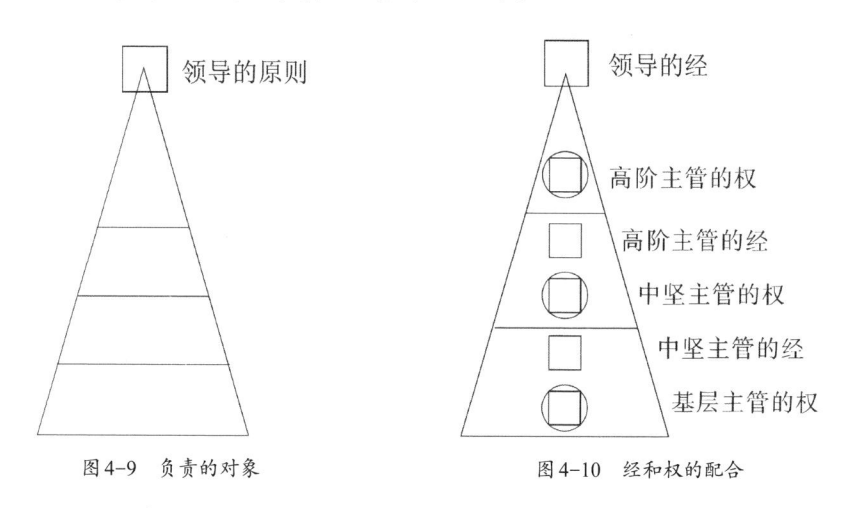

图4-9　负责的对象　　　　　　图4-10　经和权的配合

衡诸事实，领导再英明，也可能被某些投其所好的干部所害，因为这些干部过分曲解"服从"的意思，不知道"分层负责"的真正用意。

真正忠诚的高阶主管，必须重视领导的指示，但是不能完全服从他的指示。领导的指示，可以看成方形的"经"，高阶主管依据自己对实际情况的理解，将领导的"经"变成自己的"权"，再交付下去，让次一级的主管去执行。

次一级的主管，必须依样画葫芦，把高阶主管所演绎出来的"权"，当作"经"来看待，然后审视自己所理解的实际情况，演绎出自己的权宜应变，再交付给下一个层级的人员去处理。

这种"层层打折扣"的现象，固然使得上层的意图逐渐走样，甚至不断地变样，形成"上有政策，下有对策"的局面，有时候甚至会使上层的美好初衷变成恶劣的政策。但是"现场是变化的，而且不断地变化"，也使得"对于现场状况的理解，越高阶层越不得其真"，实在不能责怪各阶层人员主动修改上层的经，演绎出自己的权，以适应实际情况的动态变化。

中国式管理，就在"只许州官放火，不许百姓点灯"和"上有政策，下有对策"二者之间，以推、拖、拉的方式寻找合理点，而获得适当的解决方案。

越是上层越有出主意的自由，随时可以修改规定，而且都是出于"大公无私"的前瞻性，令人无从抗逆，只好在心里暗骂"只许州官放火，不许百姓点灯"。

越是下层越了解现场的状况，知道上层的指示不可行，但总不能"管它效果如何，全力依据上层指示去执行，反正一切责任由上层去负"，因此审思再三，只好"上有政策，下有对策"，依据上层的"经"来"权宜应变"了。

中国人未经正式授权，都可以"擅自变更上司的命令"。若是明确授权，能不"滥用权力""超越权限"的，不知尚有几人？

历来抱怨"只许州官放火，不许百姓点灯"的人，不用说，都不是州官而是百姓。那些痛骂"上有政策，下有对策"的人，一想便知是居于高位的要员。

高阶主管大多见识广，而且经验丰富，让他们拥有更大的裁量权，可以随意变更这个，更改那个，甚至置现行规定于不顾，以求快速突破，在现在这种变迁的环境中，当然十分有其必要性。

基层人员非常接近现场，对于现场的实际情况，比较容易理解和掌握，让他们按照现况来随机应变，只要不太离谱，应该是值得肯定的行为。

上层"爱怎么样就怎么样"，只要合乎未来的需求，我们不但不应该抱怨，而且应该对他们的前瞻性表示敬佩，并尽力加以配合。

基层"怎样有效就怎样"，只要符合实际的需求，就是将未来的演变从现在的起点建立起来，若是判断正确，总有一天会达到上层要求的标准，不算违背命令。对于基层而言，成果最要紧，似乎毋庸置疑。

"只许州官放火，不许百姓点灯"，如果放火放得有理，当然要加以拥护；若是点灯点得不合理，也应该加以禁止。"上有政策，下有对策"，假设政策良善，对策能促使良善的政策及时落实，有什么不对？万一政策错误，对策能够减少错误决策所产生的恶果，更值得欣慰。

唯有上下求合理，彼此都有所节制，不要做得过分，我们的"分层负责"才有产生合理效果的可能。

第五节　委曲求全的策略联盟

一些人曾经大力主张台湾地区的中小企业要合并组成大企业，以增强其国际竞争力。然而，事实证明，在21世纪快速变化的环境中，企业规模越大，应变能力反而越弱，对于适应环境所做的调整远不如中小企业那么灵活。加上合并前后的种种问题很不容易克服，因而这些人念头一转，改合并为合作。于是一时之间，水平合作、垂直合作、策略联盟，好像潮流一般，此呼彼应。

这些合作的概念看起来十分新颖，但如果回想一下我们过去的大家庭，不难发现中国人在这方面的经验已经相当丰富。

大家庭由若干小家庭所构成，每一个小家庭都处于半独立状态，各自拥有基本家庭功能。说是合并，原本就是一家人；说是合作，却又从来没有这种说法。

为什么大家庭和如今的联盟合作概念相近呢？

第一，大家庭和联盟合作都符合《易经》"分中有合，合中有分"的法则。大家庭的结构，是一个大的男系家庭，包含着两三个甚至更多个小的男系家庭。这些具有独立基础的小家庭，在"分家"以前，共同维持一种"分中有合，合中有分"的关系。

策略联盟的合作企业与此相似，各具独立的条件，或者说原本各自独立，如今联盟合作，缔造"分中有合，合中有分"的关系。

第二，大家庭中的任何一个小家庭若是有意分家，或者其他小家庭盼望某个小家庭早日脱离大家庭而独立，这个小家庭可能因此和大家庭只维持形式上的组合关系而实质上自行独立。结成联盟的合作企业，同样可以脱离联盟，恢复为原来的独立个体，并没有什么太大的限制。

第三，大家庭第一代的老父母或祖父母亡故后，或者发生重大变故后，这个大家庭就会分家。联盟的主体企业若是倒闭或有重大事故发生，合作的小企业也会纷纷离去，同样会带来一些"分家"的麻烦。

既然两者有共同点，我们不妨找出大家庭共同生活的策略，用来作为联盟的基本原则，应该可以适应中国的风土人情。

大家庭的第一种策略，是"血缘关系"，通过骨肉之情、家人之爱来保持紧密联系。

联盟合作的第一策略，应该是"理念相近"，以中心企业的经营理念为核心，寻求理念相近的合作厂商共同合作。"理念"如同"血缘"，理念相近，企业才能相亲相爱，互助互惠。

大家庭的第二种策略，是"家和万事兴"，全家人一心一意为全家人而努力生产。由血缘关系产生"血浓于水"的观念，共同以"父子同心土变金"为期许，共同致力于实现家庭的经济富裕。

联盟合作的第二策略，应该是"同心协力"，依据中心企业的目标和标准，各合作厂商全力配合，以获得协同一致的效果。

大家庭的第三种策略，是"共同消费"，以节制家人不正当或过度的消费，以免损害个人及家庭。

联盟合作的第三策略，应该是"统一步调"。一般来说，合作厂商在研究发展、策略规划、采购原料、开拓市场等方面，都有力不从心的感觉，最好由中心企业来承担这些工作，并据此统一合作厂商的步调。

大家庭的第四种策略，是"保护家人"，以"父为子隐，子为父隐"的人情，来保护一家人的生命和自由。大家庭对家人的保护是不分是非的，是固然要保护，非也"家丑不外扬"，照样要极力保护。互相护短，彼此掩饰，才是一家人的最大保障。

联盟合作的第四策略，应该是"让合作厂商有钱赚"，然后提出要求改善现有的措施，以提升管理的水平，确保产品品质符合预期，以保障共同的利益。

大家庭的第五种策略，是"看顾老弱"。家庭成员应奉养老人，照顾弱小，以尽责任。

联盟合作的第五策略，应该是"协助合作厂商渡过难关"。合作厂商或中心企业平日恪守本分，万一遭遇困难，大家不可以弃置不顾，反而应该尽力给予协助，让其顺利渡过难关。

以上所述策略，属于有形的、看得见的。要让其产生效能，恐怕还要有一种无形的、看不见的共同策略，那就是"委曲求全"。

"求全"便是"合作"，一个个体能力有限，无法求全，必须由多个个体同心协力，通力合作，才能求全。

有心求全，心理上先要有"委曲"的准备。虽然是一家人，具有血缘关系，但每个人仍然各有各的想法、各有各的作风，如果不能勉强自己、迁就别人以维护良好家风，那么日常相处中，小摩擦便会变成大冲突，要想维持家庭和谐，谈何容易！

联盟合作的对象，就算理念十分相近，也是各有各的立场，各有各的苦衷，难免有不协调、不配合的现象，若是不能保持"委曲求全"的心态，哪里有长久合作的可能？各方退让一步，站在对方的立场来思考，凡事将心比心，设身处地地沟通协商，才能够求全，实现长久合作。

中心企业必须用智慧、爱心和耐心来开导、培育、协助合作厂商，使其心甘情愿地承担有能力承担且适宜承担的责任，这不是一件容易完成的任务，要将现有的、即将发生的及计划中的工作分门别类地做好通盘性的分配工作，以求顺利推进。把所有合作厂商都看成"外部的内人"，以"一家人"的心态来寻求共识。如果有必要的变更或临时的应变，必须获得其他企业的同意或谅解。

联盟和谐合作的主要策略即"委曲求全"。中心企业对合作厂商"以大事小"，合作厂商对中心企业"以小敬大"，各自委曲，才能求全。善用中国人的"以让代争"，柔中带刚，各方为求达成共同目标各自机动调整，权宜应变，自然能实现整体的配合。

第六节　因人设事的组织原则

组织可以看作一种结构，强调组织成员在工作中的适当配合；也可以视为一种状态，包括组织成员分工合作的工作状态，以及协同一致的心理状态。

无论如何，组织是人员与工作的结合，也就是人和事的配合。中国式管理的特色之一是以人为主，组织的原则当然也就是因人设事，按照组织成员的特性，来进行合理的组织。

中国社会独特的人伦关系，使得中国人特别重视以伦理的观点来建立合理的人际关系。伦字从人从仑，仑字又表示条理，所以伦理意味着人间各种各样的关系，虽然参差不齐，却不致凌乱无序。

组织的概念，来自多数人联合起来，以制驭众多动物、生产更多食物，以及有效抵御野兽或外来者的侵袭。同类合作，是组织的最初动机。

什么样的人最容易组织起来，彼此合作？自然是互相熟识的人。远古时期，人们最熟识的人，大概只限于夫妻和子女。家庭是最早的生活组织，然后逐渐向外扩展，由具有血缘关系的亲族，到拥有共同目标的邻人；从内存关系的互相依附，到外在关系的彼此牵连，无不由亲及疏，从亲情过渡到伦理。

家庭组织除了生育和抚养子女的功能，还具有生产与消费的功能。家中各人无论智商、能力如何，都自然地属于家庭，家长的权力再大，也不能开革任何家人。"能者多劳""能力较强的人，必须照顾能力较弱的人"就成了家庭成员的共识。在家庭组织中，能力并不十分重要，用不用心反而更加要紧。"父子同心土变金"，父代表父母，子代表子女，意思是全家人同心协力，家庭必然富裕。至今许多企业组织中，仍然流传着"努力工作没有用，用心做事才要紧"，就是用心比能力更加重要的意思。

企业组织的要素之一是资金。资金的筹措是成立企业组织的必要条件。而资金的来源，在企业信用尚未为大众所认可之前，唯有家人或亲族及十分熟悉的朋友才比较方便启口，也比较容易获得他们的信任。

家庭企业之所以占比较高，是因为资金筹措的对象以家庭成员为主。在有钱出钱、有力出力的模式下，彼此基于共同的目标紧密地组织起来。出钱的人，可以自己出力参与经营，也可以推荐熟悉的人代表自己参与。这样的人力组合，不免良莠不齐，企业管理者往往要勉强接受，不能过多挑剔，以免影响家庭成员的投资意愿，影响同心协力的氛围。因此唯有因人设事，表现出"无人不可用"的宽容与气度。

有什么样的成员，就设置什么样的职位；赋予什么样的职权，就会构成什么样的组织，这和现代西方所主张的因事找人，先定好组织架构、划分好不同的职责，再寻觅合适的人，自是大不相同。

因事找人，容易产生"有用的人应该留下来，没有用的人应该开革掉"的理念，引起员工"划得来或没有更好去处就留下，划不来或有更好选择就溜掉"的回应。反正留和溜的差别并不大，能留就留，该溜即溜，对个人来说，并没有什么大不了、对组织而言，却产生了很大的不稳定性，增加了很多人事变动的成本。

因人设事的最大好处，是"只要用心，大家如同一家人，不必担心被炒鱿鱼"。彼此互依互赖，一致对外，无论对个人还是对组织都有很大的助益。

但是，因人设事也可能产生"反正不会被开革，能混即混，保平安最要紧"的负面作用。员工凡事不敢做、不多做、不愿做，以致影响到整体工作的顺利进行。

一般人对因人设事有很多不良评价，认为"大锅饭心态"容易带来绩效不佳、互相拖累的弊端，转而支持因事找人的理念。

其实，就西方观点来看，伦理不过是"知"的层面，道德才是"行"的体现。中国人的想法不应该如此，知而不行，根本等于不知，所以伦理必须在日常生活中实践。同时，中国人特有的"交互主义"，彼此"看着办"，也应该发挥"上行下效"的作用。人伦关系，究竟能够产生正面还是负面的效果，70%以上取决于企业管理者的领导作风。领导得宜，获得员工的认同，自然得人心者昌，得到正面的反馈。

因人设事，除了适宜的领导，仍需三大配套制度相辅相成，兹分述如下，以供参考。

第一，在薪资制度方面，不能完全讲求同工同酬。儒家"才也养不才"的精神，应该融入薪资结构，充分加以发扬。不采取单一薪俸制，以免过分刺激员工，导致他们只在薪资项目上斤斤计较。

适合的做法是在精神方面给予员工充分的关怀，上司的礼遇、老板的关爱、同仁的支持及家人的鼓励，可以使员工在物质待遇之外，感受到一种不同的氛围，从而在工作中产生如同一家人般的互助态度。

第二，在职位的安排方面，要有机动性。有多少人，需要哪些职位，是组织调整需要考虑的重点，而不是依据工作分析的结果设置相应的职位。

职位是根据人的需要设置的，主要作用在于"摆平"，更重要的是关注员工的感受。大家肯用心，工作自然好，这是因人设事的重要原则。居上位的人，公正而不公平，则是实现此项原则的主要依据。真正的公平，不是表面的、形式的、虚假的公平，这对于中国人而言非常重要。

第三，因为要摆平，不得不采取职位与职权可分可合的策略。有职位的人，不一定会获得固定的职权。职掌表上所列的权限可以如实授予，也可以进行动态调整。表现得好，自然赋予其更多权限；表现得不理想，则酌情减少其权限，甚至暂时或永久取消权限。由于人不便开革，调动有时也会涉及面子问题，用职位与职权分离的策略来加以调整，应该是两全其美的办法。

因人设事，可以使大家都具有"不要因为自己一个人的疏忽，给团体造成重大损失"的警戒心，因人设事自然利大于弊，值得用心去推行。

第五章

随时调整的计划方式

历代做重大决策的人，通常有一个共同的特质——"无知"，如此才能求贤、寻贤、用贤而臻于大智大慧。

《大学》是中国最早的管理学，为我们明确地指出决策的过程，即止、定、静、安、虑、得。

凡事诚心诚意地考虑股东安不安、员工安不安、顾客安不安、社会大众安不安，那就是至诚，就可以预测未来的变化。

组织有了明确的目标，必须进一步制订出具体可行的计划，从而有把握地处理现在的事情，顺利开创出预期的未来。

一般人利用目标来进行管理，称为目标管理。目标管理依据成果来衡量，因此也称为成果管理。目标管理的整个历程，从设立目标开始，到制订计划，再到安排进度，最终有效完成工作，都需要组织成员积极参与。所有成员在思想、情绪、感情上都对工作的决定与处理有亲身介入的感受与认知，从而产生对组织的认同感、依附感、责任感，自愿贡献自己的才能，力求圆满达成组织的目标。从这个角度来看，目标管理也可以叫作参与管理（见图5-1）。

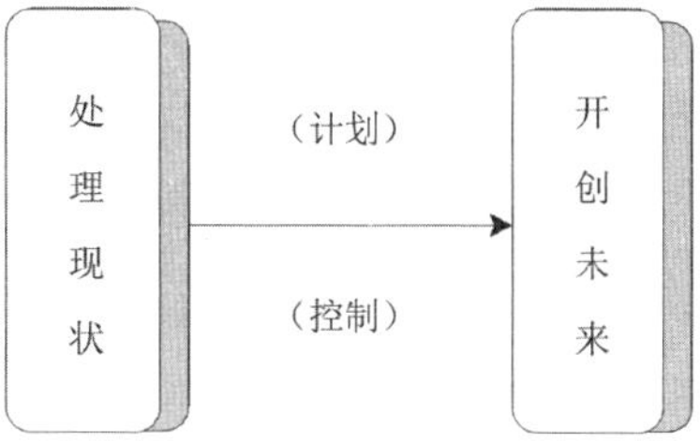

图5-1 参与管理

中国人善变也知变，计划制订之后，通常会边实施边修改。因此制订计划时，中国人侧重于确立方向，抓住要点，做出一些富有智慧的决策，然后视实际情况，逐步调整细节，以求落实。整个过程，以《大学》所说的止、定、静、安、虑、得为要领，在每个阶段，都要找出不安的原因，再设法加以合理的调整。

中国人对未来的变化大多颇具兴趣，也会十分用心地预测。我们对"心想事成"的道理充满信心。

未来是我们自己想出来的，中国人很重视未雨绸缪，凡事都要用心盘算，可见计划在中国式管理过程中处于十分重要的位置。

第一节　边做边修改

计划就是我们常说的盘算，是对于可预见的未来做出的有条理、有系统的打算。中国人喜欢未雨绸缪，常在事情发生之前就做好盘算，凡事求慎始，必须重视审慎的计划。

对于组织来说，计划就是根据这个组织所要达成的目标，把组织的相关活动整合起来，使各部门有效地配合，以减少人力、物力的浪费，并且提高绩效，增加效益。

计划是决策的具体体现和行动的依据。将行动的成果与计划进行对比，可以找出两者之间的差异，从而进行调整。达成目标之后，也要依据原先制订计划的标准来评估获得的绩效，为下一次改进计划提供参考。

计划的种类，可以分别从特性、时间、组织、主题等方面来进行划分，现说明如下。

1. 从特性分，有主要计划与次要计划、弹性计划与固定计划、成文计划与不成文计划等。

2. 从时间分，有短期计划、中期计划、长期计划等。

3. 从组织分，有个人计划、部门计划及团体计划等。

4. 从主题分，有人事计划、行销计划、生产计划、财务计划等。

实施计划的时候，在心态上必须革除下述几种障碍，才能够达到预期的效果。

第一，不可偏离组织的既定目标。一般来说，组织的目标必须是正当且崇高的，因为若非如此，当经营业绩良好、利润丰厚的时候，经营者和员工反而可能出现不同程度的失落感。一方面，他们可能困惑于赚这么多钱有什么用；另一方面，他们可能开始质疑人生真正的目的和价值。中国人普遍认为赚钱不是经营企业的唯一目的，因此会预先设置心理防线，避免自己陷入这样的苦恼。当目标正当且崇高时，钱赚得越多，人们越有成就感；而如果目标只是赚钱，固然可以满足个人的私望，但是钱赚得越多，就越容易产生失落感。制订计划的时候，必须预先考虑这种潜在的问题，并采取相应的措施来防范。

第二，不可以存心迎合上司的喜好。人们当然希望计划能够获得上司的认可和支持，但是不可以因此而存心讨好上司，以免上司忽略了对计划合理性与可行性的考虑。我们可以在提出计划之前，尝试和上司沟通，极力营造积极的氛围，争取让上司欣然同意并大力支持，却不能用讨好的方式，诱导上司做出不合理的决定，因为这会对计划的后续执行和执行效果产生不良的影响。一旦上司事后发现真相，必然对计划者失去信任，今后他提出的任何计划都可能遭到拒绝。因此，在制订计划时，我们应该以合理性和可行性为主要原则，促使上司认可自己提出的计划并给予支持。

第三，不可以伪造证据或虚报信息来瞒骗上司。计划必须将各种有利的条件巧妙地组合起来，才能打动人心，但是，不可以因此而伪造证据或虚报信息，言过其实地把各种条件有利化。恰当的做法是，积极和相关人员沟通，准确掌握各种情况，可以利用卡片等工具详细记录每一种条件，通过排列组合，形成合理的构想。

第四，不可以贪婪地将全部创意融入计划。计划固然需要创意，但是如果把全部创意融入计划，会使计划变得烦冗复杂。最好先把计划的目标简化，过滤不必要的创意，再根据目标将合适的创意融入计划。

第五，不可以没有替代方案。计划通常需要呈报上级或经过会议讨论，才能够付诸实践。越具有创意的计划，由于曲高和寡，越容易被否定。所以提出计划时，最好同时给出多个方案，使大家认为计划是大家的决定，而不是计划者自己的决定，从而增加计划通过的可能性。

计划通过以后，如果不能付诸实践，实际上和被否定一样，都等于"胎死腹中"。要使计划顺利实施，最好的办法是用心做到下述三点。

第一，在拟订计划的时候，多和相关的人员沟通，让他们有参与感，实施时才会主动协助。这种和计划有关的"铺路"工作，必须因人、因事、因时、因地而制宜。遇到阻碍或反对意见时，更需要耐心沟通，不能轻易放弃或引发争执。

第二，抓住机会与相关人员做好事前的沙盘演练。在演练过程中，我们可以发现：越是真诚参与的人，越会毫无保留地道出实情，此时必须虚怀若谷，尽量包容每个人的宝贵意见，这样不但可以使计划的内容更趋完美，而且执行时可以获得更多的助力，使计划能够更顺利地实施。

第三，执行计划时，把功劳推给他人，而将过失归于自己，可以使计划更加顺利地实施下去。如果有过失便指责他人，有功劳便据为己有，势必引起同仁强烈的不满，以致计划执行时受到很大的阻碍。当计划进展得不如意时，应该深入追究原因，进行必要的变更或修正。

计划执行过程中，如果坚持不进行任何变更，很可能导致计划被迫停止，也等于"胎死腹中"。因此在不改变计划的目标和本质的同时，可以采取边做边改的方式，根据产生的若干变数，对计划进行有针对性的调整。

无论是严格按照计划执行，还是在执行过程中逐步修正计划，结果都和领导者有着十分密切的关系。若是领导者能力强，对计划的目标有深入的理解，加上团队成员的意愿高、能力强，执行的结果往往令人满意。特别是在面对要不要变更、怎样变更等问题时，更需要领导者具备良好的沟通能力和尊重团队成员的修养，在"不可不改变，不可乱变更"的大原则下，团队成员齐心协力，必能越改越合理。

第二节 大智大慧做决策

古人说得好：千军易得，一将难求。组织成员的多少，并不足以展现组织的实力；决策者的素质才是成败的关键。我们常说总经理对公司运营的好坏的影响力超过70%，便是这个道理。

在三顾茅庐的故事中，刘备为了请诸葛亮出山担任决策者，对其万分礼遇。在诸葛亮的精心谋划下，刘备取西川，称王西蜀，而三分天下，这证明刘备找对了决策者，从而获得了辉煌的成果。诸葛亮一生谨慎，却在街亭一役用错了马谡，致使街亭失守，影响全局。马谡只能够纸上谈兵，诸葛亮却误把他当作决策者看待，难怪要挥泪把他斩首，还要自行处罚，因为所产生的恶果实在太严重。

在计划之前，必须先做好决策。依据既定的策略做出的计划，比较切合组织目标，不致过分空洞与理想化，决策的品质则系于决策者的素质。可见，只有由优质的决策者作出良好的决策，才能发展出有效的计划。

决策者的素质，主要在大智大慧。大智指"具有解决问题、作出决策的知识"，而大慧则指"能够聪敏地看清事实的真相"。两者合在一起，成为我们常说的"道"。荀子在《天论》中指出："万物为道一偏，一物为万物一偏，愚者为一物一偏，而自以为知道，无知也。"其意为万物都不过是道的一偏，一物更是万物的一偏。而愚者所见，又是一物的一偏，这时候如果认为自己认识道，那就是一无所知了。道是大智，应该把所有事物合在一起看，合在一起想。可惜像慎子、老子、墨子、宋子这些已经十分了不起的人士，有时候也会陷入一偏之见。荀子接着说："慎子有见于后，无见于先；老子有见于诎，无见于信；墨子有见于齐，无见于畸；宋子有见于少，无见于多。"慎子即慎到，主张随后而不必争先，因为他只看到后的一面，却没有看到先的一面。老子提倡守柔，不敢为天下先，只看到屈的一面，忽略了伸的一面。墨子兼爱，没有尊卑的差等，显然只看到齐的一面，没有注意到畸而不齐的一面。宋子即宋钘，只看到欲少的一面，忽视欲多的一面。荀子批评有后无先，则群众无门路可循；有屈无伸，则贵贱无所分别；有齐无畸，则政令无从施行；有少无多，则群众无由成化。这些都是自以为是而不知晓更有大道的表现。他在《解蔽》中提出"夫道者，体常而尽变，一隅不足以举之"的观念，认为道虽有体有常，却其变难尽，这些一面之见，不过代表道的一偏、一隅，不足以涵盖道的整体；持有一偏之见，便成为曲知之人。

曲知之人，其智慧有所偏蔽，往往只知其一，不知其二，如今称之为"专家"。专家决策，依荀子的见解，内以乱于己，外以欺于人，造成上以蔽下、下以蔽上的蔽塞之祸，实在危险万分。总经理若是依靠"站在我的专业判断"来做决策，恐怕所做皆下策，祸患无穷。

历代做重大决策的人，都有一个共同的特质——"无知"。反观那些自以为有知的决策者，无不刚愎自用而自取灭亡。可见有知而自认为有知，大抵都摆脱不了一偏之见。唯有有知而自认为无知，才能求贤、寻贤、用贤而臻于大智大慧，这是大智若愚的最佳表现。

总经理有意见，马上就表示得清楚明白，大家就知道他不想听取别人的建议，因此无言以对。听不到不同的声音，所做的决策，大多偏于一隅而难以周全。荀子认为，态度威严猛厉，不肯稍微宽容，下面的人就会害怕而不敢亲近他，因而深自隐蔽，不肯竭尽其情。楚汉相争时的项羽，自幼熟读兵书，武艺超群，自封西楚霸王，自认为天下无敌而刚愎自用，容不下智者贤人，韩信、陈平、范增一一离他而去，终于垓下自刎，悲惨收场。刘邦自谦"夫运筹策帷帐之中，决胜于千里之外，吾不如子房；镇国家，抚百姓，给饷馈，不绝粮道，吾不如萧何；连百万之军，战必胜，攻必取，吾不如韩信"，结果却打败项羽，建立伟大的事业。可见，决策者自认无知，才能够转化为有知。总经理有意见，应隐藏起来，暂时不说，把它转换成问题，多方征询各位经理的意见，集合众人的看法，再综合在一起，做到"天下之治，天下之贤共理之"，使公司决策由相关干部来共同拟订。

经理免不了本位主义，常常为了部门的利益而提出一偏之见，总经理应本着"宰相肚里能撑船"的精神，以宽广的胸怀容纳各部门的观点，统合全体的意见，做出合理的决策。决策之前，应广泛收集意见，好像自己一无所知；决策确定之后，就要果断坚决，勇往直前。虽然在执行过程中要边做边调整，但是应坚持方向不变、目标不变，灵活应对各种变数，随着需要而改变，绝非犹豫不定，踌躇不决。

韩非子在《五蠹》中，特别指出了五种会侵蚀组织力量的人，实际上是最高决策者自己拿不定主意，才助长了这些人的势力。可见主持决策的人，必须有大智大慧，只不过应先深藏不露，待时机成熟再表现魄力。《主道》更说明决策者不要表示自己的意见，如果明确表示，干部就会显弄异才，以迎合决策者的观点，最好的方式，是决策者有智慧却不显露，这样才能聆听各方的意见，掌握全面的情况。

决策者不多言，却能综合大家的意见，干部自然会用心地说明现况、提供意见，全心全力地协助决策者做出合理可行的决策。但是，要做到这种地步，必须先确立决策者的权威，也就是拥有改变个人或组织的权力。总经理的权力若是超过由职位所产生的职权，大家就会更加用心，来帮助他做好决策，荣辱与共。总经理如果不知不觉被架空，有职无权，大家也就袖手旁观。可见决策者的权威，乃是产生良好决策的基础。

自古以来，有大将之职却无大将之才的人，必定难逃厄运。有大将之才却得不到大将之职的人，则难施其才。决策者应该珍惜既有的职位，充分发挥自己的大智大慧，时时以无知来启发大家的有知，以无能来激发大家的有能，以无才来展现大才，使所有决策都能集众人之智，面面俱到而无偏颇。依据这样的决策制订出来的计划，自然可行而有效。

第三节　以止、定、静、安、虑、得为过程

《大学》是中国最早的管理学。它开宗明义，指出大学之道，在明明德，在亲民，在止于至善。意思是，管理的要领，在修己，在安人，在时常调整。

怎样调整呢？根据每一阶段内外环境的变迁，做好合理的决策，然后依据决策来做合适的调整。可见阶段性调整十分重要，而决策更是管理的必要过程。这和近代决策论者指称的"管理的主要过程即决策"的看法接近。西蒙（H.A.Simon）甚至肯定管理就是决策，颇有见地。《大学》接着说："知止而后有定，定而后能静，静而后能安，安而后能虑，虑而后能得。"这明确地指出决策的过程，即为止、定、静、安、虑、得。

管理讲求止于至善，所以每一阶段都需要知止，止就是至善的所在，知止便是知道所应该选取的合理立场。管理的最高目标在安人，管理者的任何决策，都必须根据安人的基本目标，先找出令人不安的原因，再设法加以调整。管理者做决策之前，固然没有办法预知可以做到什么程度的安人，但是以正大光明为标准，以正大为思考的出发点，一切为公不为私，应该是合理的选择。

决策时以正大为目标，便能有定，也就是意志有定向。所谓决策，其实就是为了达成安人的目标，从两个以上的方案中选择一个。为了达成最终的安人目标，管理者还可以分割出若干中间目标，如企业管理者站在正大光明的立场，以"股东的安""员工的安""顾客的安"及"社会大众的安"为中间目标，将这些中间目标细分为若干直接目的，分别从生产、销售、财务、人事等方面，来探讨其利润、绩效、安全与责任。

依据决策者所秉持的定向，潜心研究相关的资讯，此时心不妄动，自然能静。

在当今时代，必须慎防资讯泛滥。决策者如果缺乏定向，面对杂而多的资讯，势必因不知如何是好而心慌意乱，不知道如何选择正确、有用的资讯。定向有所偏差，心也静不来，这也是一种警示信号，必须自己妥善调整，务求心安，才知定向无误。

既能心不妄动而潜心研究，那么决策者无论坐、卧、行、立，都能够念兹在兹，深思熟虑各种资讯的必要性与正确性，所以能安。决策者心安，生活自然正常，不致因紧张不安而误判误导。同时决策者能安，必能思考得精微详尽，面面俱到，而且无远弗届，这就是能虑的具体表现。经过这样精密、详尽的思虑，必然可以获得至佳至当、适时适机并能安人的良好决策，即为能得。

得的意思是得其所止。获得合理的决策，当然能够在此一阶段中止于至善，然后依据变数，寻找下一阶段的决策，以便做好阶段性的调整。

"止"可以看作目标，而"定"代表若干相关的假设，只有"静"才能寻觅出一些可代替的方案，"安"是多方收集有关的资讯，"虑"表示分析和判断。整个止、定、静、安、虑、得的过程，和现代管理学所揭示的决策程序完全相符。

《大学》又说："物有本末，事有终始，知所先后，则近道矣。"管理者获得合理的决策，则一切事物的本末终始，无不了然。这时可以按照先后缓急来厘定计划，再顺序执行，并适时考核，调整误差，以求获得安人的管理效果。这样一路做下去，就合乎管理的道理了。

决策本身就是一种选择，即从众多的方案中选出一个作为行动的途径。《大学》指出管理的最高目标为平天下。世界上的国家很多，强凌弱、众暴寡的情况屡见不鲜，怎么能够平呢？任何一个国家，有心要平天下，必须先治理好自己的国家；想要治理好自己的国家，必须先整治好自己的家庭；想要整治好自己的家庭，必须先修治好自己的品行；想要修治好自己的品行，必须先端正自己的心态；想要端正自己的心态，必须先诚实自己的意念；想要诚实自己的意念，必须先推极自己的知识；而想要推极自己的知识，那就必须穷究一切事物的真理。由此可见，决策者的修己功夫做得好不好，是决策能不能安人的关键。修、齐、治、平的顺序，一方面告诉我们决策必须以修己为起点，一步一步向外扩展，另一方面却希望我们的决策应该具有宏大的国际观，从整个宇宙着眼，以我们只有一个地球为警戒，以平天下为理想，一步一步向内分析，明确我们眼下必须做好什么样的调整，才能够不影响未来世界大同的远景。现代决策者，最好在全球化和本土化之间找到合理的平衡点，以求止于至善。

决策者的国际观，应该以平天下为目标，看出现实的不平等，而尽力求其平等。用现代的话来说，平天下就是世界各国的国际地位平等。要实现这一目标，各个国家必须尽力治理好本国。各个国家的治理方式有所不同，中国五千年来能够一脉相承，历经风雨飘摇而始终不灭亡的原因，在于齐家的方式奠定了中国式管理的基础。我们的齐家，是以孝友为根本原则，由家庭之中的父父、子子、夫夫、妇妇，推广到宗族之间，使我们平时可以不依赖政府而自己解决很多问题，而遭遇天灾人祸时，也能够承受外来的压力，非但不被压迫而解体，还加强了内部的团结。

这种独特的齐家方式，仍然以修己为起点。家中各人，如果修己做得好，能够各安其分、各守其责，齐家的理想就可以完成。由此推及家族，再来治国、平天下。具有这样的理念和修养，决策起来自然合理而少有偏差。止于至善，只有在这种情况下才能顺利达成。现代中国人受西方影响，逐渐重视夫妇关系而轻视父子关系，只有个人观念而无家族观念，重视法律而轻视伦理，以致决策时偏重科学数据，却不能兼顾修齐治平的精神，就算决策正确，也不过是绩效良好，能不能安人，恐怕很少能够顾及。决策者有必要重新体验大学之道，把它当作决策系统来看待，一方面为自己的组织寻找合理、可行的问题解决方案，另一方面也为世界大同尽一份力量。由单位的安到组织的安，进而推展到国家、世界的安。

第四节　必须治标和治本并重

决策之后，应该制订具体可行的行动计划，才不致流于空想。但是，实际情况是计划应先于决策。因为不先制订计划而随意作出决策，常常徒劳无功，甚至产生意料之外的困危。特别是现代主管，更应该提高警惕：光凭经验、直觉和判断力，实在不足以应付日益复杂的局面。不可以效仿历史上的皇帝，只要心意已决，大家无论如何都要将其付诸实施。现在的决策者，必须慎防决策之后面临难以执行的困境，再"朝令夕改"，不如先做好计划，有把握时再作决策，以求言出必行。

管理是修己安人的历程，计划则是管理的起点，可见修己的具体表现即为先做好计划。《大学》在修身的项目下，标示："欲修其身者，先正其心；欲正其心者，先诚其意；欲诚其意者，先致其知；致知在格物。"这一段话和计划具有十分密切的关系，不幸秦汉之后，大家不明其中的道理，对其解释出现很多偏差。

先从格物说起，格物是《大学》八目（格物、致知、诚意、正心、修身、齐家、治国、平天下）的基础，也是实践大学之道的起点，当然十分重要。格的意思是深入，物泛指事物，格物就是穷究事物的道理，把事物的道理彻底研究清楚。但是研究的方法，必须依据《中庸》所说："博学之，审问之，慎思之，明辨之，笃行之。"广博地学习、详细地求教、慎重地思考、明白地辨别及切实地力行，实际上并不能使我们达到"一旦豁然贯通，就什么都知道"的地步，决策者仍然应该秉持孔子"知之为知之，不知为不知"的态度，抱着"人具有是非之心，却未必具备辨别是非的知识"的心态，多请教各种专家，然后才能做出明确的判断。

格物而后致知，穷究事物的道理之后，才能获得广泛的知识，并有更为透彻的理解，称为致知。以孔子的好学，也需要终身学习，按照"十有五而志于学，三十而立，四十而不惑，五十而知天命，六十而耳顺，七十而从心所欲，不逾矩"的历程，循序渐进。一般人更应该以"学而不思则罔，思而不学则殆"为警示，抱持"喜好古代明哲留下来的知识而勉力学习"的心态，不但能启发自己的智慧，而且能丰富自己的知识。以上这一段话，在如今重视知识经济的时代，显得尤其重要，值得大家深思笃行。

格物致知的功夫做得好，对于是非、善恶有更为明确的判断力，知道其合理性所在，才能够择善固执，并且满怀信心，此为诚意。诚意的意思是自心所发的意念真诚不妄，一切顺乎自然，不致自欺欺人。

决策者的意念真诚不妄，心自然就能够端正。正心的重点，在一个"正"字。《大学》指出：有所愤怒、有所恐惧、有所好乐、有所忧患的时候，心就不得其正。一旦决策者的内心过分愤怒、恐惧、贪婪或忧愁，就会陷入心不在焉的状态，因而视而不见、听而不闻、食而不知其味；做出来的计划当然存在偏差而不可行。愤怒、恐惧、贪婪、忧愁都是常见的情绪，必须适当加以克制，使其发而中节，才能正心。所以说修身在于端正自己的心，唯有心正，才可能进一步把自己修治好。

《大学》所揭示的格致诚正，指出计划有如下三大特性。

第一，要具有"整体观念"。计划必须重视整体的综合利益，而不偏重个别利益。凡与计划直接相关的个体环境，包括顾客、市场、同业、异业等，以及间接影响计划的总体环境，包括社会、政府、经济、技术等，都应该充分掌握。站在"安股东、安顾客、安员工、安社会"的整体立场来订立整体目标，再依据这个整体目标来订立各部门的部门目标。决策者不但要分析政府的政策，还要研究社会的趋势。

第二，要具有"创造情势"的期待。格致诚正做得好，不但有能力掌握整体，而且能够突破市场导向的障碍，反过来创造市场。这种创造情势的前瞻性尝试，必须诚意、正心，把格物致知的精神充分发扬光大，以造福人群。只要秉持"视其所以，观其所由，察其所安"的原则，分别从动机、方法和难度等不同层次来探讨顾客的需求，自然能够创造出有利的情势。

第三，要具有"不自欺欺人"的品质。既然正心，由心而生的构思就既不会欺人，也不会自欺。我们对欺骗这一行为进行一番彻底的研究，不难发现，欺人之先，都有自欺的倾向。例如，百货公司在周年庆期间推出折扣活动，管理者会先做好计划，不将名贵物品列入折扣的范围。拟订这种计划的时候，在欺骗顾客之先，就已经欺骗自己，认为这种欺骗顾客的计划是行得通的，不至于引起顾客的反感，也不会损害公司的信誉。

妥善的计划，必须治标和治本兼顾并重。要做出这样的计划，唯有平日多研究事物的道理，诚心诚意地坚持自己的信念，以公正、专一的心思，来进行计划的拟订，才能够以理想为本，视实际情况为标，两方面并重，才能无所偏差。计划缺乏理想性，不能预测未来的动向，往往偏离根本；计划不具有可行性，不能掌握现实的需要，必然无法治标，难以因应种种变数。格致诚正，一路走过来，既有理想，又能兼顾现实，标本并重，当然是妥善的计划。

第五节　至诚可以前知

彼得·德鲁克（Peter F.Drucker）认为，计划的主要目的是对"为了开创未来，我们应当如何处理"所做出的种种预测。所谓预测，应该是"对未来可能发生的情况进行预先估计"。既然预测属于臆测和猜想，当然不一定正确。几乎所有预测，都有正反两种不同的说法，令人相当为难，不知道相信哪一种比较妥当。

其实，世间一切都有定数，预测只有灵与不灵，哪里有什么测不准的道理？比较正确的说法，应该是"未来既然有定数，当然可以精确地预测，只不过这种定数本身可能改变，所以预测之后，还有变更的可能"。为什么预测的时期越短准确性越高？因为短期内事物变化的程度比较小。为什么预测的项目数量越多准确性越高？因为事物的变动可能互相抵消或互补。为什么预测时必须评估可能产生的误差？因为预测之后事物往往会发生变化。西方人想到定数，大多认为是"一定"或"固定"，偏偏中国人把"定"界定为"含有不一定的定"，也就是定中有不一定的部分，而不一定中也有定的部分，这种"二合一"的观念，在预测中充分发挥它的功能，使我们在预测时更能够掌握"变与不变""准或不准"的要旨。

《中庸》说："至诚之道，可以前知。"一个人诚到极点，就可以预测未来的事情。它指出：国家将要兴盛的时候，一定有吉祥的征兆；国家将要灭亡的时候，一定有凶祸的征兆。祸福将要来临的时候，都能够被预先测知。

诚，一方面是完善自己人格的要素，另一方面也是万事万物运行的依据。中庸把"诚"当作宇宙全体，认为它包含人和万事万物的本性。诚本来是自然运行的法则，叫作"天之道"。人以至诚来体认这种自然运行的法则，称为诚之，就成为"人之道"。《中庸》认为：看一个人对诚的表现如何，便能够确定这个人的吉凶，而组织由多数个人构成，所以由组成团体的个人对诚的表现如何，也可以确定这个组织的吉凶。这种至诚可以前知的道理,用现在的话来说,其实就是"利用直觉,也能够精确地预测未来"。重要的是,直觉需要经过一定的开发和训练,以期灵敏地由尽己之性,推及尽人之性,再扩展到尽物之性,因而发于隐微,却能够获得很大的效果。

然而,至诚的人毕竟十分难得。一般人退而求其次,必须遵循"致曲之道"。致就是推广、扩充的意思,曲指一端或一偏,致曲则是由一端、一偏推广到全体。孟子说人有仁、义、礼、智四端,只要把这四端扩而充之,便足以保四海。《中庸》说"曲能有诚",这一端、一偏的诚,如果能够推广、扩充到全体,就能够由一部分的诚推到至诚的境界。

以企业管理而言,我们已经知道经营效果的优劣,取决于"安股东""安员工""安顾客""安社会"四端,在做计划的时候,预测并评估未来的发展在这四端所产生的后果,就是致曲之道的运用。仅随意考虑这四端,却一心一意追求眼前的利益,已经是不诚,当然不能够充分掌握未来的变化。以诚心诚意来考虑股东安不安、员工安不安、顾客安不安、社会大众安不安,才能预测未来的变化。

第六节　提出计划后应合理坚持

计划必须妥善拟订，不可应付了事，只做表面工作，以免计划通过之后，面临执行困难甚至无法实施的困境。实际上中国式管理存在着三大障碍，使制订计划的人不敢一心一意、全力以赴。兹分别说明，以供参考。

第一，计划者对"将来如何逃避责任"存在担忧。计划通过之后，计划者很可能被任命为执行者。这时候如果计划执行困难，甚至无法实施，岂不是搬起石头砸自己的脚？就算计划者不担任执行的工作，执行过程中及执行成果中出现任何不良情况，计划者都可能被追究责任。所以计划者通常将"不出事"作为首要考量，不求有功，但求无过。

第二，计划者深知"计划执行中一定会被更改"。执行者大多抱持批判的心态，力求找出计划的缺失，以显示自己高人一等，这使得计划者认为"再怎么美化，也将被丑化"，因而不愿意尽心尽力把计划做好。

第三，计划做完之后，第一道关卡是能不能通过。许多计划都因为成本太高、时间太长、人才不足、资金短缺而被搁置、放弃。第一道关卡无法通过，再好的计划也形同废物。为求计划顺利通过，计划者费尽心思，猜测主管的意向，争取同仁的支持，往往忽略了至诚的前知。

这三种障碍，其实都是可以化解的。

第一，计划者重视将来如何逃避责任，原本十分正常，因为计划和考核是一体两面的，彼此息息相关，计划者必须预先考虑"将来执行或面对考核时，有哪些可能令人后悔的地方"。抱着这种"后悔在先"的心态，才能够事先预防，以减少事后的悔恨或遗憾。

第二，计划执行中一定会被更改，这是上有政策、下有对策的必然结果，不但不必介意，而且要心存感激。幸好执行者有这种素养，才能够及时应变，将做计划时想不到的变数一并纳入考虑，以保证计划顺利实施。

第三，能不能顺利通过，其实不是眼前这一个计划的问题。主管并非全能，难以精准判断每一个计划的优劣，其决策往往基于计划者的信用。信用越高，所提计划越容易被通过，反之则容易被拒绝。同时，主管也会参考同仁的支持度，来判断计划的优劣。所以计划者平日应注意提高自己的信用，多和同仁商量、协调、互助，以争取大家的支持。

但是，再好的信用，再多的支持，主管也不敢掉以轻心，让计划快速而轻松地通过，以免计划者产生轻忽之心，大意失荆州，连带把主管也拖下水。主管谨慎把关，对大家都有好处。

主管怎样把关呢？最常见的莫过于提出相反的意见，看计划者如何应对，再通过计划者的应付方式，来进一步判定计划的优劣，决定要不要让计划通过。

可惜有很多计划者，不明白"主管提出相反的意见，并不表示他不支持这个计划"，反而认为"我已经尽心尽力，你还挑三拣四"，觉得自己不受尊重，于是认为"提是我的责任，要不要接受是你的权力"，干脆放弃己见，表示"主管如何决定，我就照着去更改"，以致主管对其失去信心，越加不敢表示赞成。

主管提出异议，真正的用意，不过在于"试一试计划者的把握到底到什么程度"。若是一听到相反的意见马上放弃原先的看法，可以证明计划者根本没有把握，只是想到哪里写到哪里，这种计划经不起考验，主管当然不放心予以通过；如果一问再问，计划者仍然坚持己见，足证其相当有把握，主管可以比较安心地让计划通过。

可见计划者一则不能胡乱提出计划，以免信用减损；二则不能一听到相反意见便放弃原先的主张，以免被主管认为经不起考验。但是，千万记住"有几分把握做几分坚持"的原则，不可以盲目坚持，给人留下刚愎自用的不良印象，甚至引起不良的后果。

计划者坚持或不坚持自己的主张，都是不正确的"二选一"，掉入了"二分法"的陷阱。这时候改用"二合一"的方式，把坚持和不坚持合在一起，走合理坚持之途，既不过分坚持，也不太早放弃，使主管看出自己有把握却充分尊重主管的最后裁决权，因而可以心平气和地决定要不要核定通过，或者交由委员会或小组来加以审议。计划者合理坚持之后，应该安静地接受主管合理的处置，并充分配合，以利计划的完成。

提出计划后，计划者一方面要合理坚持；另一方面却应该依据大家的意见，对计划进行合理的修订。大家参与计划的程度越高，将来执行起来就越顺利，因为参与的人多少都有一些责任。计划者必须肚量宽宏，有雅量接受各种不同的意见，尽量集思广益，把众人的意见尽可能多地包容在内，使众人乐于支持，从而推动计划的有效实现。

合理坚持最困难的，在不可过分也不能不及，完全依照当时的情况，进行适当的拿捏，可谓运用之妙，存乎一心。事后之明，对实际运作并无助益，必须事先多多学习，深入了解现况，而且人伦关系良好，才能够当机立断，将坚持的时机和程度拿捏得恰到好处。难是难，却十分值得尝试。

经营者要负起70%的责任

企业的成败，经营者要负起70%的责任。为什么呢？我们从计划能不能及时合理调整可以看出一些眉目，兹说明如下，以供参考。

经营者的主导性如果过于强大，组织内就算有可靠的人才，其潜能也难以发挥。他们不是无可奈何地按照经营者的指示制订出自己难以接受的计划，便是愤然离职。

特别是从基层奋斗上来的经营者，总以为自己非常在行，只要求大家服从，不期望他人有什么创见。在这种情况下，企业可能会在初期取得显著成就，但往往好景不长，在短时间内迅速陷入困境，此时经营者当然要负起最大的责任。

计划是否用心，已经反映出大家对经营者的信心和忠诚。下属用心与否，同样是经营者所决定的。计划制订过程中，经营者的主导性过强，大家的意见就不方便坚持，一切唯命是从，工作当然就越来越不用心。

经营者信任下属，大家才肯用心制订计划并随时调整，才愿意提出新的好点子，并且坚持到合理的地步。

计划的成败，看起来是计划者的责任，应该由计划者负责，事实上却不然。经营者平日的表现，才是计划者用心与否的依据，所以经营者必须负起重大的责任。

第六章 无为的执行过程

执行者必须以尊重计划、尊重计划者为出发点，站在落实计划的立场，务求达成预期的效果。目标实现、渐进试行、水到渠成是执行人员应该掌握的三大原则。领导者采取无为的领导精神，才能够无为而无不为，充分激发执行者的积极性。

管理的效果，表现在有为上面，这一点毋庸置疑。但是大家都要求有为，势必讲求个人的表现，争相邀功。这样的结果是产生很多明争暗斗，反而增加计划执行过程中的困难，影响执行的效果。

无为当然不是不为，而应该是无不为。只有站在无为的立场来无不为，才能够"不求有功，但求无过"地尽力而为。不争功也不诿过，一切秉公处理。

执行时固然应该尊重原计划的精神，却也必须顾及定案后的新变数及执行时的实际状况。为了切实落实计划，我们必须认清可变与不可变的分野，然后发挥无为的领导精神，以团队的力量来突破难关，务求计划得以贯彻实施。

目标实现、渐进试行、水到渠成是执行人员应该掌握的三大原则。站在不可变的立场来寻找可变的部分，以高度的执行热忱，促成同仁的精诚合作；抱定责无旁贷、坚决完成的决心，审慎评估实际情势，凝聚强大的团队力量，自然容易获得良好的执行效果。

执行完成后，必须评估优劣得失，作为下次制订计划的重要参考。但是评估时，最好了解中国人的特性，以免评估流于形式而自欺欺人。

全面无形的控制，也是中国式管理的特殊方式，主要是以人为对象，从表面的不同来检查核心的差异，进而掌握可能产生的变化。

第一节　站在落实计划的立场来执行

当计划者和执行者是同一个人的时候，遇到困难时，居于"自作自受"的体认，通常不会表现出来，而是默默地寻求解决的途径。

然而，当计划者和执行者不是同一个人时，通常存在下述三种现象，导致双方互相指责，影响计划的顺利执行。

第一，计划者缺乏执行的实际经验，常常在时间分配、任务排序及人员配置上产生若干误差。若是执行者存心找碴儿，或者耿直地实情实报，就会公开揭露计划的弱点或缺失，以致计划者颜面无光，因而强词夺理，不承认计划有误，反过来指责执行者"不善驶船嫌溪窄"。其实这是一种恼羞成怒的反应，会导致双方难以协调。

第二，计划者和执行者具有不同的认知和判断标准，特别是在条件的配合度、执行的难易度及细节的通融度方面有相当大的差距时，双方看法不同，容易引起争执。计划者所考虑的配套措施，执行者常常认为在现有的情境下难以推行；同时执行过程中执行者对于细节的调整，计划者也常常并不认同。类似的情况不断出现，导致双方互相批评，互不信任。

第三，执行者不完全了解原计划的主旨，因此在本末、轻重、大小、利害、多寡、缓急等方面，都掌握得与计划者设想的不同。双方都没有恶意，结果却十分令人懊恼。即使计划者费尽苦心，反复将计划的目标、目的、意义、价值等要旨告知执行者，也未必能获得良好的回应。沟通不良，甚至沟而不通，形成莫大的障碍。

这些常见的现象，如果不能妥善化解，势必产生"计划良好，而执行不力或不顺"的恶果。不力指执行者不用心、不愿意全力配合，甚至故意出错，让计划者难堪。不顺指执行者很用心，也愿意全力配合，却由于认知存在差距或对计划的主旨不完全了解，以致执行过程相当不顺利。无论是不力还是不顺，对于计划者和执行者双方而言，都是有害无利的，必须尽量减少这类情况出现，才能让双方都获得益处。

因此，执行者的使命，既不是批判计划的好坏，也不是找出计划的缺失，更不是盲目地按照计划去执行。执行者的使命，应该是"站在落实计划的立场来执行"，务求获得预期的效果。下述三大要领，必须充分掌握。

第一，稍有工作经验的人，不难发现完全按照计划去执行是一件十分困难的事情，因为计划和实际情况存在差异，就算计划者具有丰富的实际执行经验，事实上也很难掌握每一个细节，以致执行者经常抱怨计划完全是纸上谈兵，毫无价值。但是，从落实计划的角度出发，执行者必须调整批判、挑剔的心态，认识到"内外环境时刻都在变迁，计划者再怎么用心，也难以完全掌握接踵而来的变数"，在执行中遇到困难，执行者应以此为契机，发挥自己的实力，想办法使计划落实，而不是愤怒地指责计划不切实际，或者消极地抵制原有的计划。执行者深入研究计划的用意，用心思考权宜应变的方法，使计划更为完善而有利于执行，相信计划者对执行者的这种态度必然十分欢迎，同时对执行者所做的各种调整也都乐于接纳。双方互信、互谅，自然不生嫌隙。

第二，为了构建互信互谅的关系，计划者和执行者应该经常沟通。在中国社会，如果大家只是同事的关系，很容易陷入公事公办、就事论事的僵化模式，导致双方感到尴尬或没有面子。平时最好多和同事建立一些私交，把某些同事先变成朋友，有了这种朋友的情谊，将来谈起公事时，由情入理，彼此都有面子，更容易进一步深入沟通。同事之间往往会斤斤计较，本位主义十分明显；朋友之间则比较宽容，有事好商量，基于互相照顾的情分，不会存心找碴儿或让对方难堪。通过同事间的朋友关系来谈论公事，由于友谊的润滑作用，讨论过程会更加顺畅，遇到问题也比较方便当面请教或提出异议。如此，对于计划和执行之间的种种偏差，比较容易调整、补全，计划者和执行者也更容易持久地互相合作。

第三，计划者和执行者都应该明白"功没、过存"的道理。一方面要知道功劳就算存在，也会被很快遗忘，甚至被推翻；另一方面必须养成"有成果，功劳归于另一方"的习惯。"功劳是让出来的，不是争到的"，如果计划者和执行者互争功劳，最终双方都难以得到认可，变成双方都没有功劳。计划者将功劳推给执行者，而执行者也懂得把功劳归于计划者，那么双方都将获得肯定，都有功劳。因此在执行过程中，对于计划的缺失或弱点，计划者和执行者应该互相隐瞒，尽量私下协商，共同谋求解决、补救的办法，不宜公开宣扬。在主管面前，尽量支持对方的见解，将更有助于进行私下协商。但是，双方都必须基于有效落实计划目标、使计划顺利实施的共同理念进行隐瞒，才不致落入欺骗的陷阱。在中国社会，对于隐瞒和欺骗，应该用心区分。

总之，执行者必须以尊重计划和计划者为出发点，然后站在落实计划的立场，审视内外环境变迁所带来的变数，基于"不争功，不诿过"的原则，凡事采取由情入理的方式，结合私人的朋友情谊与计划者谈论公事，往往可以获得良好的沟通效果。执行者如果还未和计划者建立足够的情谊，可以寻找比较可靠的中间人来搭建桥梁，从而促进沟通。

第二节 认清计划的可变与不可变原则

执行者不可以变更计划的主旨和目标，但可以依据实际需要对实施细节进行调整，以推动计划顺利落实。

计划能否变更，不适宜用二选一的二分法来决定。认为计划是一定要变更的，和主张计划是绝对不可以变更的，都是比较极端的看法，相当不切实际。如果采取二合一的思考方式，把可以变更和不可以变更合起来想，应该能够找出一条两全的途径，也就是同时兼顾可变与不可变两个部分，符合"合中有分，分中有合"的法则。

可以变更的部分，执行者必须特别注意，仅限于下述三种情况。兹分别说明如下，以供参考。

第一，基本条件发生变化，与原先的预估出现重大偏差。这时候若是完全无视条件的变化，抱着"死马当作活马医"的蛮干心态，虽然有时候凭借决心能够攻克难关，但是除非万不得已，最好不要如此。因为这种以意志力排除万难的方式，并不适宜频繁运用，否则可能因无法克服实际的阻碍而最终失败。比较明智的做法是，衡量当时的条件，从而进行合理的调整。

第二，当政府的政策发生重大变化，不利于原计划的执行时，必须对原计划进行调整或修正，甚至需要暂时停止执行，等待政策变化后，再考虑是调整还是放弃。自古以来，"民不与官斗"几乎已成为企业界普遍遵循的自律原则，特别是政府新政策刚刚宣布时，企业更应该顺应政策导向。配合政策的要求，一向是企业界奉行的法则。每当重大政策颁布时，企业都应及时调整自己的计划。

第三，遭遇意外的天灾人祸，导致计划执行出现重大困难。这时候即使有执行的决心，计划也可能被迫中止，因为天灾人祸不是个体能够控制或补救的，需要社会各界投入较长的时间进行处理，才能逐步恢复常态。一旦不幸遇到这样的状况，恐怕只能暂时搁置计划，等待情况改善。计划暂停期间，应该重新调整原有计划，使其适应情况的变化，能顺利继续执行下去。

遭遇上述三种状态，执行者当然可以考虑适当变更计划，但是应该尊重原先的主旨和目标，在这一过程中，执行者必须掌握下述三大原则。

第一，目标实现原则。无论计划拟订过程中执行者是否参与、有无不同意见，一旦决定执行，即应坚定信心，致力于实现计划所订立的目标。

第二，渐进试行原则。执行者不应该一开始便想要改变原计划，应该抱着试试看的心态，采取渐进的方式，先将部分计划付诸实施，等待大家接受后，再按照自己的节奏执行。

第三，水到渠成原则。通常，那些雷厉风行的行动，只能维持短暂的热度。相反，先渐进试行，然后顺水推舟，再趁热打铁，采取及时的行动，这样水到渠成的方式，往往更加持久有效。

总之，执行者不可以完全无视计划的主旨和目标，坚持按照自己的意见去调整，而应该以计划的主旨和目标为基础，把它们当作不可变的部分，再来审视当前的实际需要，加上自己的创意，使计划执行得更顺利、更有效。

执行者过分偏离计划的主旨和目标时，主管必须马上指出，并要求执行者立即改善。不过这种过分偏离计划主旨和目标的执行者，通常都相当能干，对自己的能力很有信心。他们的共同缺点是自作聪明、自以为是，也就是自我意识十分强烈。若是当面对他们泼冷水，要求他们马上改正，必然引起他们的抗拒和不满，最好先给予他们一定的褒奖，再明确指出偏离计划主旨和目标的事实与隐患，在不伤他们自尊心、顾全他们的面子的情况下，用"聪明人的通病"来加以劝阻。对于擅自变更计划主旨和目标的执行者，切勿宽恕，劝导不听时，必须严厉处分。执行者我行我素，基本上是不可原谅的行为。但是，一切不用心、盲目全盘执行，同样会带来非常严重的弊害，也是不可宽恕的做法。

明辨可变和不可变，站在"不可变"的立场来找出"可变"的部分，这种以不变应万变的执行精神，值得我们学习和掌握。

第三节　发挥无为的领导精神

当今时代，单打独斗的行事方式已经大幅度减少，人们大多倾向于采用团队协作的方式来执行计划。而团队无论大小，总要推选出一个领导者。若是执行团队的领导者拥有良好的领导风格，能够激发成员的工作意愿、提升成员的执行能力、消减成员对计划的心理抗拒，同时加强成员对计划主旨和目标的深入了解，计划已经成功了一半。

良好的领导风格，就执行计划而言，要点如下。

第一，对计划具有高度的执行热忱，即使是上级指派的任务，也应该视为自己分内的工作，积极地接纳，并且表现出强烈的执行意愿。执行团队的成员，在领导者这种积极态度的感染下，自然会产生比较正面的反应，愿意贡献自己的力量。当然，领导者平日必须多关心成员，合理地依照成员的能力来分配任务，成员才会感受到领导者的热忱。

第二，对成员具有充足的信心，相信大家的合作会取得良好的成果。因为成员对领导者的期待通常相当敏感，如果成员发现领导者的期待是积极而光明的，自然会提高工作积极性；如果成员觉察到领导者对团队缺乏信心，就会不约而同地降低执行意愿，对于计划的执行成果也不关心。

第三，对执行的成果十分重视，责无旁贷地坚决完成计划。领导者有热忱，对成员有信心，再加上对成果很重视，成员就会加倍努力，用心执行。领导者若是对执行的成果抱着"好坏无所谓，尽力就好"的心态，成员也就只顾表面上的努力，却未必真正用心，这对执行成果自然会产生不良的影响。

要拥有这样的领导风格，领导者最好采取无为的领导精神，才能够无为而无不为，充分激发团队成员的积极性。

提起无为，大家就会想起老子，因为老子主张"道常无为，而无不为"。以无为的观点来看管理，似乎是老子十分独到的见解。在国际管理研讨会上经常会听到西方学者质疑："无为真的能够无不为吗？有哪一位企业家采用无为的领导方式？"因为他们从字面上来解释，把无为看成什么也不做，当然不能理解无为的真义。

老子的观点，在现代化管理盛行的时代，具有重大的警示作用。因为管理者经常不知不觉落入"为管理而管理"的陷阱，做出很多并无实际效益的管理行为，徒然增加管理成本。领导者也常常"为领导而领导"，明明某些领导行为没有实际效用，却仍要强作妄为，反而给团队成员增添了苦恼。

领导者强作妄为，只顾满足个人意愿，没有干预的能力却要肆意干预下属的工作，便是老子所极力反对的"有为"。他指出：国家的禁令越多，人民越贫困；政府的规定越多，社会越混乱。在管理领域，我们也可以说"上司管得越多，下属越无法用心做事；主管干预越多，下属越觉得无所适从"。执行团队领导者如果不能发扬无为的领导精神，不但难以用对计划的高度执行热忱感染下属，也难以用对成员的信心唤起他们的积极响应；更难以用对执行成果的重视来确保下属抱有同样的期待。相反，这会使得下属受到太多的限制，被捆绑得动弹不得，不能随机应变、因时因地制宜，从而妨碍计划的有效执行。

老子对无为的效果有十分具体的说明。他说："我无为而民自化；我好静而民自正；我无事而民自富；我无欲而民自朴。"可见无为并不是什么都不做，而是以好静、无事、无欲为内涵，不任意妄为，其要点如下。

第一，用"无为"的态度来领导下属，以产生"无不为"的效果。老子并不反对有所作为，他鼓励大家努力贡献出个人的力量，但是，一定要"为而不恃"，不夸耀自己的才能，不张扬自己的功劳，也不争夺努力的成果。老子看出人与人之间争执的根源，即人们不断扩张的占有欲望，因此主张"为而不争"，大家顺着自然的状况，发挥各自的才能，而不与他人争夺名利。执行团队的领导者若能秉持这种"为而不恃""为而不争"的精神，用"无为"的态度来领导下属，大家自然乐意各自尽心尽力，而不互相争夺成果。

第二，以"无欲"的心境来领导执行团队，大家自然朴实。下属不必经常猜测领导者的心意，只需按照计划去执行，用不着有什么顾虑。领导者有欲，并不是指本能性的欲望，而是指心智性的巧诈。无欲就是没有巧诈的企图，下属可以放心地做应该做的事情，不需要特别留意领导者是否有偏私。

第三，用"虚静"的状态来影响团队成员，使成员更容易接受不同的意见，从而集思广益。领导者无欲，呈现"虚静"状态，抱持平常心，自然对下属的所作所为具有更大的包容性，下属之间也更容易展现出谦虚的美德。大家心平气和地讨论，遇到不同的意见，也不至于引起争执。团队上下都不轻率急躁，处理事情讲求"以静制动""以逸待劳"，既省力又有效率。

在具体表现方面，我们希望领导者至少做到如下三点。

第一，下属能做的事情，领导者绝对不要插手。把空间留给下属，让下属充分表现，力求由下而上，而不是事必躬亲。

第二，领导者只提问题，不要给答案。领导者提出问题，下属自然会全力以赴地寻找答案。领导者的责任，在于用心考察下属找到的答案是否合理，若不合理，再给予若干指点。

第三，领导者负起全部责任，丝毫不推卸。下属不好意思连累领导者，才会尽力把分内工作做好，避免出错。

第四节　以团队精神来突破难关

单独一个人执行计划，固然可以充分发挥个人的自主性，不会受到同伴的牵制或阻碍。但是，单打独斗的效果有限，难以完成重大计划，因此，团队行动就成为执行计划时的主要课题，旨在结合众人的力量，来突破执行过程中遇到的种种难关。如此，中国人究竟能不能紧密合作、协同一致的问题，立即浮出水面，亟待解决。

中国人能否合作？答案只有一个：很难讲，也就是不一定。中国人合作起来，同仇敌忾，一致对外，常常可以产生不可抵御的强大力量。然而中国人平时的表现，却有如一盘散沙，谁也不服谁，再怎样号召也团结不起来。这当中时机、情势、领导三大因素，起着关键性的作用。兹分别说明如下，以供参考。

第一，时机。中国人做事，非常注重时机是否合适。大家最担心的就是"违时行事"。做一些不合时宜的事情，往往难以成功，想要重新来过，发现时机已经错过，后悔没用，挽救来不及。就合作而言，当时机有利或时机紧迫，合作十分有益甚至成为生存所需时，中国人便会团结一致，合作无间，展现出超乎预料的团队精神。

第二，情势。中国人主张能屈也能伸，情势有利时，个个往往自我膨胀，似乎天地之间唯我独尊；情势不利时，人人自危，抱着"人在屋檐下，不得不低头"的心态，以不吃眼前亏为理由，躲躲闪闪，也不觉得委屈。就合作而言，处于不利情势中的人，自然想尽办法依附情势大好的人；情势大好的人振臂一呼，马上会得到四方响应。然而，这种依附只是暂时性的，而不是长久性的。一旦情势变化，团结合作的情况也会立即随之变化，原本依附在身旁的人，很可能树倒猢狲散。很多人因此责怪中国人势利，其实冷静想想，势利到合理的程度，何尝不好！

第三，领导。时机合适而且情势有利时，中国人自然会团结起来。至于效果如何、能够维持多久，那就取决于领导者了。如果领导者能够以无为来带动大家积极作为，以无智来启发大家的竭智尽力，以无能来激发大家的积极性，执行时遭遇再大的困难，相信也能够聚合强大的团队力量，从而突破难关，顺利达成预期的成果。

越困难的计划，越需要强大的团队力量。然而团体行动，却常常由于成员彼此意见不一致，甚至产生严重的摩擦，导致计划的执行受到很大的阻碍。

一般人对事物的认知往往局限于个别视角，缺乏整体把握，一方面看得不够全面，另一方面看得不够透彻。因此，人们往往各偏一隅，各执己见，这时候想要聚合团队的力量，恐怕非常困难。为了弥补这一缺陷，可以采用轮岗制度，要求各部门人员无论表现如何，都要接受不定期的轮岗。人员晋升之前，先调到其他部门工作一段时间，再调回原部门晋升，以扩大其视野，同时建立一些人际关系。这对于执行计划有很大的助益。

在执行计划时，我们必须意识到有很多行为是看不见的，通常那些显现出来的、能够看得见的行为，还不及20%。对于80%以上的看不见的行为，应该从心态层面去了解，这样才能有效地修正、调整，以提高自己的工作效能。

执行团队的领导者，应该明白自己的责任是带领团队中的所有成员完成工作任务，而不是带领其中的少数成员。但是，成员之间存在个体差异，并非一声令下，便能够统一步调，协力向前。比较可行的策略是，通过最为信赖的第一层次成员，去影响较为可靠的第二层次成员，进而促使第三层次成员自动产生认同感。这种分层次、亲疏有别的感应方式，领导者需内心明了，但口头上应强调一视同仁。领导者根据成员工作的配合度、忠诚度和贡献度，把成员分为三个内外有别的层次，决策时先找第一层次（内层）成员商议，再由第一层次成员向第二层次（中层）成员征询意见，最后根据第三层次（外层）成员的认同度与支持度，由领导者行使最终裁决权。这样由内而外，再由外而内形成的决策，通常比较容易获得协同一致的效果。

由于中国社会特别重视伦理，大家从小生活在强调亲疏有别、上下有序的环境中，把"合理的不公平"看得比"不合理的公平"更重要。因此对于一视同仁的作风，一则很难相信真有此事，二则容易产生"好人坏人都分不出来"的错觉，三则人人都认为自己受委屈，没有获得应有的关怀。通过亲疏有别、上下有序的互动，反而比较容易像水中的波浪一样，由内感应到外，再由外回应到内，营造出内外一致的团结氛围，发挥最佳的团队力量。

被领导的团队成员，必须明白团体行动和领导者的领导方式息息相关。既然领导者采用看起来不公平实际上却十分尊重大家的内外层互动方式，下属就应该心中有数，明白自己会被安排在某一层次完全是由平时的表现决定的，不要再以管理者不公正、有私心来自我安慰，而应该以实际行动来改变自己在管理者心中所属的层次，或者安于现状，用心把自己的角色扮演好，做到无愧于心。

上下、左右之间，都应该注意到这种看不见的互动，彼此沟通协调，配合团体的步伐，表现出协同一致的力量，以突破重重难关。

第五节　检讨执行的缺失，作为下次计划的参考

中国人普遍知道检讨的重要性，却很难做好检讨，常常虚应故事，避重就轻，然后把所有责任都归于制度不够完善，最终得出结论："如果制度不能改善，恐怕以后仍将如此，很难改正。"

其实，中国式的检讨有其特性，不可不特别留意。兹将最主要的三大法则分别说明。

第一，有功劳，一定要和大家分享。只有大家都有份，功劳才会被肯定，否则没有份的人就会产生不满。检讨的时候，有功劳一定要向外推，最好推给爱抱怨的人。依据交互主义的互动原理，向外推就可能产生向内拉的回应，越多的人获得功劳，就会有越多的人给出正面回馈。

第二，有过失，最好自己承担。特别是居上位的人，若是勇敢地率先承担责任，下属大概率会紧跟着承认错误，如此一层一层向下传递，大家都不推脱，问题也就比较容易清晰呈现。检讨的时候，最好不要针对个人，而应该基于事实进行分析，并且把过失归于自己，这样往往能让真正犯错的人显露出来，无所遁形。过失是争出来的，人人争过失，责任十分清楚；人人推来推去，结果是人人都有错，责任不分明。

第三，先提功劳，然后找过失，最后表示感谢，是检讨的三大步骤。首先表示执行的成果良好，大家都有功劳；接着说明自己用心不足，照顾得不周全，以致还有若干缺失，亟待改进；最后表示感谢，希望大家积极努力。每一个发言的人都遵循这样的步骤，以"三明治"的方式，把丑话包裹在两层好话当中，听的人比较受用，自然听得进去。

我们检讨的目的，并不在于承认错误或道歉，因为两者都没有实质意义，做与

不做没有太大的差异。我们希望通过检讨，来寻找执行时存在的过失，把真正的问题原因找出来，为下次计划提供参考。检讨的核心价值在于"不二过"，即保证同样的错误不会再犯，这才是真正的进步。

无论计划执行结果是否与预期相符，都要进行检讨。若结果与预期相符，应探究原因：是预测精准、调整、应变得宜，还是计划本身具有弹性，抑或得到了上级的大力支持？若结果与预期不相符，甚至完全相反，更应该深入探索问题的根源。对于那些半途而废的计划，尤其需要用心检讨，找出问题所在，以便彻底解决。检讨不可因为人事变动或人情因素而敷衍了事，以致重复犯错，养成胡乱计划、马虎执行的不良习惯，害人害己。

一般来说，执行结果不理想，主要有如下三种原因。

第一，计划本身有偏差，执行时即使用心调整，也难以制宜。无论是整体计划还是部分计划存在偏差，都会严重影响执行结果，以致结果不符合预期。对于这种缺失，必须明确记录，并提供给计划者作为前车之鉴，以免重蹈覆辙。

第二，执行者擅自做主，随意变更计划的主旨和目标。无论是整体计划还是部分计划被扭曲，不管执行者是有意还是无意，都可能造成不良的后果。对于这种缺失，应该找出执行者变更计划的真正原因，和执行者沟通，提供改进的建议，避免执行者以后再犯同样的错误。

第三，计划者和执行者都很用心，却由于内外环境发生重大变化，以致无法按照原有计划执行。这种情况下，并不能指责计划者的预测不够精准，也不能归因于执行者的应变能力不足，但是仍应该检讨缺失，为以后的工作提供参考。

检讨并不意味着承认失败，因为一旦承认失败，执行者心理上将面临很大的压力，更容易导致兵败如山倒的恶果。缺失可以改进，失败却很难东山再起。我们只需要把缺失检讨出来，为下次行动提供参考即可，何必一定要承认失败，弄得人心惶惶，反而让对手有机可乘？检讨缺失的目的并不在于追究责任，而在于提升计划和执行能力。小缺失可以避免大失败，常常检讨，积累经验，才有机会获得大成功。

在计划执行过程中进行检讨，还可及时发现重大缺失，提出补救措施，使计划得以顺利完成。所以检讨不一定要等到计划执行完毕或无法执行时才进行，将其分成若干阶段进行，效果有时比最终检讨更显著。中途补救，当然比半途而废来得好。

第六节　采取全面、无形的控制

中国人十分清楚，"管理"的主要功能表现在"控制"上。唯有全面掌控，才称得上良好有效的管理。

西方管理以"事"为中心，所以"控制"的重点在于"计划的执行过程和结果"，大多对"事"而言。

中国管理以"人"为中心，对"人"的控制，往往重于对"事"的控制，因为中国人讲究事在人为，一切事都离不开人。只要把"人"控制好，"事"的过程和结果也就比较有把握加以控制。

"事"的控制，比较侧重"有形"的部分。从建立标准着手，确定理想的均衡状态作为控制的基础，然后将实际情况与所定标准进行比较，寻找差异并分析形成差异的原因，再设法校正，使其恢复正常的状况。

"人"的控制，比较侧重"无形"的部分。因为"有形"的部分大多有一定的标准，易于伪装或造假；而"无形"的部分比较多变且缺乏明确的标准，以致很难伪装或造假。

中国人大多不愿意承认自己在控制别人或被别人控制，这可以看作"无形"的一种印证。既然要无形地控制，想控制无形的东西，当然不可以明言，也不能形成透明的制度。

对"人"的控制和对"事"一样，主要在于抓住"差异性"。有任何风吹草动，马上提高警惕，加以研判分析，以期有效地掌握变数，从而便于控制全局。

在内外环境变化不大、一切稳定的时期，对"事"的控制，可以代表对"人"的控制。这时候"对事不对人"还算行得通，因为"事"的变化不大，可以依据"事"的"差异性"来加以控制，就算把"人"的因素放在一旁，不予理睬，也不致影响

"事"的成果。

然而，环境快速变化时，人心的变化往往比事情的变化更为迅速而复杂。事情其实是随着人心而变化的，人心先变化，事情才会跟着变化。在快速变化的时期，控制人心比就事论事要有效得多。这一点经常被现代管理忽略，我们相信环境的力量大到可以决定一切，然而环境的力量固然大，人的意志力也很强。天定胜人和人定胜天的分际，值得从事管理的人用心体会。一般而言，大事由环境主导，比较倾向于天定胜人，所以"时机"好不好十分重要；但是小事由人主导，当然倾向于人定胜天，"情势"的好坏往往由人来决定，环境的影响并不大。我们所管理的事情，通常属于小事，所以由人心入手来加以控制，应该是相当可行且有效的。

人心看不见，所以无形，但是中国人对人心却十分有研究。我们常说"人同此心，心同此理"，意思是大家都是人，处在相同的环境中，面对同样的变数，按理说应该具有同样的想法，做出一致的反应。但是事实往往并非如此，倒是"人心不同，各如其面"更加切合实际。西方人习惯于"二选一"，在这两句话中，他们通常会选择"人心不同，各如其面"。我们中国人比较懂得"二合一"，能够把这两句相当矛盾的话合在一起想，从"人同此心，心同此理"的基础，找出"人心不同，各如其面"的事实，形成一套独特的控制方法，从面的不同来查核心的差异，因而掌握可能的变化。

孔子说："未见颜色而言谓之瞽。"意思是对方的面部表情反映着他的心理变化，必须仔细观察，用心研判，抓住其真正的用意，才不致会错意，从而产生误解。同时也应该适时调整自己的语言、态度，与对方保持同步，然后找出其中的差异，作为控制的基准。

因为言语、态度仍然可以造假，所以控制的范围，随着职位的晋升、责任的加重、距离的拉近而无限延伸。基层人员，责任不重、距离比较远，我们不会花费太多精力来加以控制，依照制度管理即可。中层干部，责任比较重，距离比较近，我们会花费一些精力，考察他们的交友情况、家庭情况及下班以后的私生活。高阶主管，责任重大，距离很近，工作和生活中的一举一动，我们都不敢掉以轻心，因此全面无形的控制对于高阶主管来说，确有必要。

有形的控制很容易被破解，因为一切有形，大家看得很清楚，很快就能想出对策来突破有形的控制。无形的好处在于随时变化，大家还没有看清楚，无形的控制就已经有所变化，如何能突破？

第七章 有效的考核要领

考核的标准，必须以"对并没有用"为前提。在圆满中分是非，是中国式管理的考核重点。

中国式管理的考核心态，最主要的特征应该是"救人而非杀人"。

中国式管理的考核，通常分为"明""暗"两部分同时进行，这种先顾面子再分好坏的原则，是考核有效的最佳保障。

计划执行之后，除了需要进行检讨，整体的考核也十分有必要。如果每一件事都要考核，不但会使大家只看眼前、斤斤计较，而且容易引起大家情绪上的反弹。我们凡事都要检讨，目的在于不断改进，而进行综合考虑的阶段性的整体考核，大家才能够力争上游，持续求进步。

考核的标准，必须以"对并没有用"为前提。因为对未必圆满，结果和错并没有多大不同。错，当然不可以；对，同样没有用。

中国人所重视的是非，是圆满中分出来的是非，而不是为了分是非弄得彼此不团结的分离式是非，表面上看起来不分是非，实际上大家心知肚明。因为考核的目的在"救人"而不是"杀人"，使团队成员知错就改，远胜于做不好就开除的消极处理方式。

综合考虑表示考核的范围十分广泛，直接相关的事情、间接相关的事情，甚至看起来毫无关系的事情，都包括在内，而且所有事情都可大可小，令人不敢掉以轻心。考核的用意在于提醒组织成员，随时都应该反求诸己，并及时改正。人人如此，考核必然能够获得良好的效果。

考核的要诀，则是明暗、大小兼顾并重，以符合全面无形的原则。明的暗的一起来，大的小的都顾及，当然使人无所遁形，只好坦然面对。

第一节　先建立"对并没有用"的考核标准

西方管理在对是非的判断方面，采用一种比较简单的标准：对就是对，错就是错。要求也较为容易达成：对就好了。

中国式管理在技术方面，和西方所采用的标准并没有不同，但是在人的行为，也就是事的处理方面，则采用一种异于西方的考核标准。

从小到大，我们不断地听到"对并没有用"这类话，很多人却不知道，这类话在管理上的效用居然如此重大。

"对并没有用"这种观念，对中国人而言，应该是十分熟悉的。回想一下，小时候在家里和弟弟吵架，父母总是以"一个巴掌拍不响"为由，让两个孩子都罚站。站着站着，终于领悟到"对并没有用"的道理。现代某些教育学者，不理解这种用意，居然批判这种家庭教育不合理，弄得两个孩子不明是非，实在是"以不知"来衡量"所不知"。

西方人当然缺乏这种素养，以至于他们听到"对并没有用"时，大惑不解："对为什么没有用呢？"而答案竟然是"对当然没有用"，他们更加疑惑："对没有用，难道可以错吗？"

请看：对没有用，难道可以错吗？这不是二分法是什么？"对"和"错"是对立的，不是"对"便是"错"，反过来也是如此，天下有这么简单的事吗？

我们不慌不忙地告诉西方人："错绝对不可以，但是对真的没有用。"可见我们已经摆脱二分法的陷阱，能够"把二看成三"，在"对""错"之外，看出"圆满"的境界，"在圆满中分是非"，才合乎中国人高标准的要求。

业务人员的处理方式很对，把顾客气走了；下属的意见很对，却将上司气得不予采纳其建议；总经理的决策很对，各部门经理都气得不愿意接受……这些场景是不是都在证明"对并没有用"呢？

这样我们才能明白，为什么中国人讨厌是非不分的人，却也不喜欢是非分明的人。前者糊里糊涂，必然误事；后者则令人颜面无光，合作不快。

错，当然不可以，因为任何事情发生差错，总会带来若干不便，造成一定程度的损失，甚至产生重大的危害。错，大家都不高兴，没有人会认同。

然而对呢？若是伤害了某些人的面子，就会引起这些人的抵触情绪，甚至恼羞成怒，给出情绪化的回应。

可见对是不够的，不可以就此满足，对之外，必须顾虑到每一个人的面子，不伤害任何人的感情，才算是圆满。

在圆满中分是非，是中国式管理的考核重点。

中国人的关系，可能是全人类当中最为复杂的。组织成员之间，伦理关系、党派关系、势力关系错综复杂，有大圈圈，也有小圈圈；有明圈圈，也有暗圈圈。要梳理清这些关系，必须经过相当长的时间。

在中国社会，是非本身十分简单，是就是是，非就是非，然而一旦牵涉到伦理、党派、势力等关系，是非就难明了，变得相当复杂。

如果希望在圆满中分是非，最好把握下述三大原则。

第一，平时要以广结善缘的心态，结识各种关系的重要人士，以便必要时请其助自己一臂之力。多找机会开拓人际关系，是圆满中分是非的基础。

第二，任何时候都不要随便得罪人，以免山不转水转，有朝一日出现"不是冤家不聚首"的尴尬局面。由于各种关系牵涉不清，往往得罪了一个人，等于得罪了一个圈子，岂非自找麻烦？

第三，要慎重考虑自己要不要加入某个党派或势力。因为伦理关系是天生的，但是党派或势力关系是后天形成的，可以由自己决定要不要加入。加入与否，都是有利也有弊的，必须权衡相关因素，审慎选择，不应该抱持着无所谓、试试看再说的心态。

就算不加入任何党派或势力，也应该对组织中的各种关系有所了解，给予应有的尊重，并提高警惕。要在圆满中分是非，必须格外小心谨慎，一切想好了才能开口，一切准备好了才能动手。

组织要营造这种氛围，使每一个成员都能够逐渐由"对就好"提升到"在圆满中分是非"的较高层次，就应该将这一要求纳入考核机制，并设为重点考核内容。

我们知道"玉不琢不成器"的道理。组织内"在圆满中分是非"的人越多，大家越能顾虑周全，后患自然大幅减少。

自古以来，有能力的人大多自视甚高，不把组织和他人放在眼里，只顾自己崭露锋芒。这样的人，纵使在短期内有所成就，时间一长，也将制造许多问题，给组织带来隐患。

把事情做对，已经相当困难，要求在圆满中分是非，当然更加不容易。但是，取法乎上，通常只能达到中上的程度。为求提升竞争力，必须以让大家都有面子为目标，使大家在计划、执行及考核等阶段，都能够全力以赴。认清"努力工作没有用，用心做事才要紧"的真义，随时关心整体目标和他人的情绪变化，将工作绩效和情绪管理结合在一起，时时刻刻互相砥砺提醒：对并没有用，在做对之外，还要重视圆满。

第二节　要求大家"在圆满中分是非"

表面上看来，中国人是非不分，凡事马马虎虎，不愿意切实检讨，不愿意把是非判断得十分清楚。实际上，中国人最厌恶是非不分的态度，视之为可恨的"乡愿"。

中国人应该在"是非分明"和"是非不分"之间，走出第三条路来，叫作"是非难明"。因为难明，所以必须谨慎分辨；难明还是要明，只是过程不一样，不可以做到分明的地步，以免有人因此没有面子，不够圆满。

管理有三个主要的历程，分别是计划、执行和检讨，构成周而复始的循环，似乎中外皆然。西方人检讨的时候，可以"明言"，做到"是非分明"；而中国人检讨的时候，对人、对事似乎都有"难言之隐"，若是"明言"，势必得罪若干人，往往检讨了半天，却不敢直接抨击要害，以致检讨"有名无实"，草草结束，又招来是非不明的批评。

认真地把缺失矫正过来，设法弥补不良的后果，这才是检讨的真正目的。

有错误必须承认，这是中外一致的原则。然而，中国人不一定采取公开承认的方式，而是倾向于私底下承认，以保全面子。承认之后，必须以"负责到底"的精神来寻求解决方案，这才是我们重视的课题。一方面吸取教训，切勿再犯；另一方面力求补救，设法把损失降到最低。这种"不二过"的精神，才是值得大家发扬的。人非圣贤，孰能无过？凡事十分谨慎，有过失要认真检讨，却不一定非公开出来不可。

我们通常不"明言"，而是把错误推给制度，指出制度不完善，而不直接指出犯错误的人，以顾全他的面子。因为制度是死的文字，不会产生情绪，然而大家都知道，执行的人是活的，按照制度去执行的人当然必须负起责任。我们这样做，一方面暗示他此事大家已经心知肚明，只是为了顾全他的面子，不方便直截了当地说出来；另一方面也鼓励他，如果是正人君子，就应该私下主动找主管，坦诚地检讨过失，给大家一个清楚的交代。

中国人含含糊糊的目的，是有面子地清清楚楚。过程模糊化，结果仍然明朗化。阳的一面，好像有所隐藏、有所遮掩，无非是为了圆满，让大家都有面子。阴的一面，则终究要揭穿，要照亮，要把一切搞清楚，才能够"前事不忘，后事之师"。

第三节　抱持"救人而非杀人"的心态

中国人制订计划时，秉持儒家的精神，非把它做好不可。中国人执行计划时，体认道家的意识，既然会遭遇这么多的困难，不如随遇而安。中国人考核时，又自然而然，抱持释家的心态，反正结果已成定局，无论奖惩，都无法改变既定的事实，不如随它去吧！

在学生时代，我们就已经养成这样的习惯。每逢考试前夕，我们总会下定决心，要好好准备，考出高分，才对得起自己。然而走进考场后，我们发现"老师考的我都不会，我会的他偏不考"，于是我们不慌不忙，每道题都多少写一些，越是不会的题目，字写得越工整，让老师好给分。考完之后，面对公布的成绩，我们毫无愧色地认为"老师若不'挂'掉几个，不足以证明他认真负责"，而自己则"我不入地狱，谁入地狱"，为了拯救其他同学而牺牲，当然是善事一桩！

这种儒、道、释的循环往复（见图7-1），充分表现出中国人的包容性，能够把复杂、繁多的东西整合起来而毫不矛盾。

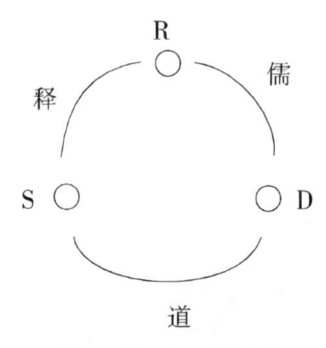

图7-1　儒、道、释的循环

中国式管理的考核心态，最主要的特征应该是"救人而非杀人"。"杀人"在企业管理中相当于开除或辞退员工，若非不得已，主管不会轻易选择开除、辞退。

于是，许多人抱怨：既然不能开除，记过、惩罚、降职等措施似乎对某些人来说不痛不痒，那么考核又有何用？还不是形式上做做样子，吓唬一下而已？

拥有这一类观念的人具有"杀人"的考核心态，认为"做不好就换人"，甚至"不但要扫黑，而且要扫白"，好像自己永远不会被换掉一样。这些人的出发点已经出现偏差，怎能令人心服，更谈不上心安。

考核是一种激励措施，是用来"救人"的，这才是积极的、良性的、正面的、性善的、人本的观念。

首先，考核必须配合事先订立的目标。没有目标，根本谈不上考核。没有目标的考核有如法官断案时仅凭主观臆断，非常危险而不可靠。目标的订立，又必须是当事人自己的主意，不应该是上级主管替他订立的。

年终期末，让员工自己提出明年的计划，订立明确的目标。这时主管有责任辅导每一位员工，寻找"可以获得良好考绩"的目标，这是"救人"的第一个步骤。换句话说，主管要明确地告诉员工，要有效达成这些目标，并获得优良的考核成绩。这基本上已经为员工划出安全范围，是生是死，完全掌握在员工自己的手中。基于人类求生存的本能，员工自有办法生存下去。

人对别人的决定，只会尽力而为；对自己的决定，才肯全力以赴。让员工自行提出计划，订立目标，员工也就有了全力以赴的动力，不至于产生"自生自灭"的彷徨。

其次，给员工比较明确的衡量标准，让员工可以随时自我评估，从而及时补救、调整，确保最终达到预期的效果。这是"救人"的第二个步骤。衡量标准最好在订立目标、计划的时候，一并商量确定。尽管将一切衡量标准都量化并不现实，但是给出比较明确的衡量标准，确实有其必要。

秤要有秤砣，而秤砣代表考核的衡量标准。若被考核的员工认定秤砣是公正的，他们心里就会坦然地接受；否则便会产生怀疑，甚至不接受考核的结果。

最后，及时提醒员工的缺失，让他调整、补救过来。这是"救人"的第三个步骤。我们常听到的"我当时正忙着，没有注意到，你自己怎么也如此不小心"这一类话出自主管之口，实在不合适。员工固然应该自己小心，然而主管的重大职责，在于监督、确保员工顺利完成工作，如果把所有责任都推给员工，那么主管究竟在履行什么职责呢？

提醒必须及时，不然误了时机，提醒便失去了应有的作用，变成指责，于事无补。

及时提醒之外，主管还要注意员工是否有把握加以补救，若是员工有困难，主管必须适当给予帮助，甚至调派他人或亲自参与，帮助员工渡过难关。

总之，一切以"确保员工圆满达成预期目标，获得良好考核成绩"为共同努力的目标，主管随时随地站在员工的立场，善意提醒、及时辅助，这样不仅能获得皆大欢喜的考核结果，还能在整个考核过程中增强团队凝聚力，促使上下级同心协力，顺利达成目标。

主管抱持"看你有多大能耐"的心态来考核员工时，已经形成敌我对立的不利态势，会与员工渐行渐远。主管站在高处，看员工互相争斗，然后评定胜负，这种"不顾员工死活"的考核心态，员工自然以"套招""虚功"来应付。大家都不重视考核，考核的威力自然会大大降低，最终流于形式。

子女的成就，是父母的荣誉；员工的成就，同样是主管的荣誉。主管不应该"管员工这个人"，却必须"管好员工所做的工作"，因为员工个个争气，表现良好，才是主管领导有方的体现。

这样说起来，员工考绩不佳，主管同样脸上无光；员工考绩良好，主管才显得光彩。可见主管用"救人"的心态来考核，不但对员工有利，对自身也大有助益。

第四节　采取"综合考虑"的原则

有些人喜欢说"全方位思考",这主要是来自"八卦"的启示(见图7-2)。站在多方面来考虑,其实就是综合考虑。中国人凡事求圆满,为了面面俱到,必须综合考虑衡量标准。

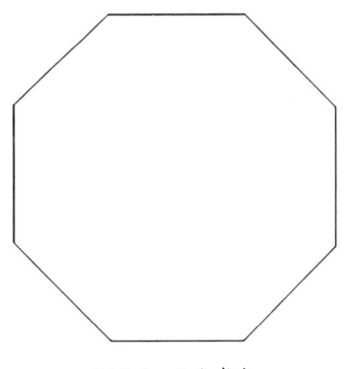

图7-2　综合考虑

综合什么呢?凡是想得到的,无论是直接的还是间接的,甚至是看起来毫无关系的,都包括在内。因为"太极"是其小无内、其大无外的,所以"沾不到边的东西,也可能被视为息息相关"。

中国人的要求特别高,几乎接近"零缺点"。圣人作为我们的效法对象,应该是完美无缺的,不可以有任何缺点,否则一经渲染,小缺点被放大,大到遮住了所有的优点,便会留下"一失足成千古恨"的遗憾。

然而,我们又认为"神仙打鼓有时也会打错",圣人也可能犯错,于是对于一些无伤大雅的小过失,我们以"大人不记小人过"的气度,将大事化小,给予犯错者戴罪立功的机会。

中国人的综合考虑,其范围之广、弹性之大,简直令人咋舌。我们常听说"做得好的不一定留任，做得不好的不一定去职"，理由是"综合考虑的结果"使我们不敢不相信"一切都是命"。若非这样解释，永远也说不通。

但是，高阶主管绝不承认"综合考虑的结果"和"神秘莫测"而又"无可奈何"的"命"有关。他们异口同声地说综合考虑不但合法，而且具有科学精神，理由是法治时代，一切依法办理；科学时代，凡事必须有科学依据。

主事者与当事人对"综合考虑"的认知，差距如此之大，那么旁观的第三者又当如何？对主事者有好感的主流派，多半认为"理应如此""除此以外别无其他更好的选择"，顶多指称"虽然不理想，但可以接受"。而支持当事人的多属非主流派，他们认为这一结果"私心太重""有失公允""是派系的利益作祟"。

说中国人"不一定"，实际上以上所说的种种表现，从古至今，可以说十分固定。中国人的"不一定"，表现在"今天认可主事者的观点，明天则站在当事人的立场来思考"，以及"上午是主流派，下午可能突然变为非主流派"，这种"不一定"，更加深了综合考虑的不一定性。

中国人最好坦白承认，我们既没有条件实施"法治"，也不愿意、事实上也不能实施"人治"。我们是"人治大于法治"的社会，衡量标准自然也是以人为主，而不是以法为主。

中国人的业绩，除了工作表现、人际关系，还要扩展到天人关系。因此上班除了好好工作、好好做人，还要讲求"人在衙门好修行"，好好修行一番。

这样一来，中国人工作多顾及人缘，而行事多讲求自然，也是综合考虑的衡量标准之下必然的修养。居于天人合一的大系统之中，人人都理应如此，才能够因应综合考虑的全面考察。

我们常常批评"考试领导教学"，但是教学的成果若是不能通过考试的要求，难道就是好的？如今"衡量标准决定个人的行为"，是不是同样证明"有这样的衡量标准，必然产生中国人的一些管理行为"？

人、事、地、物、时，还要考虑到随时加进来的变数，我们称其为"程咬金系统"，因为它经常事先没有任何预警，忽然从半路杀出来。凡此种种，都是综合考虑的衡量项目，怎么可能明文规定，一切透明化、制度化、数量化呢？这不是强人所难的要求吗？

综合考虑既然是正确的、必然的，有其实际需求，那么其涵盖的项目也必须无所不包，又随时可以排除某些项目。在综合考虑中，将某些项目暂时排除或搁置，以收"戒急"之效，我们当然也不应该有什么异议。那么，我们就应该遵循综合考虑的原则，做好万全的准备，以确保顺利通过考核。在此背景下，我们应尽早学习中国式管理，深入理解中国的自然环境、社会风气及文化特性。

最为关键的是，负责"综合考虑"的人，必须真正公正，而又敢于承担"不公平"的罪名，勇敢地说出"保证公正，实在无法公平"。多找一些人商量，就算被人批评"找人背书"，也比独自一个人"闭门造车"来得好些，这也是中国人注重"班底"的一个理由，连班底都组不起来，可见已经到了众叛亲离的地步；然而有班底又会招来"核心人物朋比为奸"的指责，如何在这两者之间找出合理的平衡点，是考验"综合考虑"的主要关卡。

第五节　鼓励大家"反求诸己"

凡事非检讨不能进步，但是事在人为，一检讨起来就和人有关，很容易因牵涉面子问题而难以施行。

人总是爱面子的，一个人如果到了连面子也不爱的地步，几乎缺乏"羞耻之心"，大概会越来越可怕。

爱面子是人之常情，检讨事情的时候，常常想起"此事系某人所为"，或者"谈这件事根本就是冲着我而来"，事情很快就和面子挂钩，二者常紧密地结合在一起。

我国先哲深知这种人性的特点，所以一再告诉大家，检讨的唯一可行方式，是"反求诸己"。

曾子说得好："吾日三省吾身：为人谋而不忠乎？与朋友交而不信乎？传不习乎？"

中国人的"自主性"很高，不喜欢被管，不接受别人的摆布，喜欢自作主张，由自己来拿定主意。自主性高必须伴随着自律性强，所以"修己"非常重要。不喜欢被管，当然要自己管自己了。

自律才能自主，律己越严，越能够从别人的尊重中获得高度的自主。养成自律的习惯，每天以三件事来反省自己：替人计议事情，有没有尽心？对朋友有没有不诚信的地方？传授给别人的东西，自己是不是已熟练掌握？对这三件事分别反省检讨，以求日有进步，日新又新。

自律的人，必须做到孔子所说的"见贤思齐焉，见不贤而内自省也"。见到比自己表现得好的人，要用心向他学习；见到比自己表现得差的人，则在内心反省自己的不足之处。孔子说这句话的时候，贤和不贤有一定的标准，大家才有办法比较；现在贤和不贤缺乏一定的标准，比较起来十分困难。

现代化的见贤思齐，逐渐变成"见到西方人的所作所为，务须尽力学习"，见不贤而内自省则变成"见到中国人的行为，就急于从负面角度进行解读，以表示自己与众不同，不是普通的中国人"。

孔子当年十分感慨地说："已矣乎！吾未见能见其过而内自讼者也。"大多数中国人，不检讨则已，一检讨便说是别人的错。自己无懈可击，而别人却丑陋不堪，这种情况可能吗？

自己检讨自己，一旦发现错误，岂非没有面子？所以借口诿过，就成为保全面子的常用计策。不料死不认错，已经成为"不要脸"，和"保全面子"的初衷背道而驰。不要脸是不讲理的代名词，死不认错当然是不讲理，中国人最不喜欢这种人。

要保全面子而不至于不要脸，最好铭记孔子"不二过"的教诲。人非圣贤，孰能无过？只要切实检讨，不再犯同样的错误，便没有什么面子问题了。

面对过失，先承认是自己的错，让大家放松紧张的情绪，面子问题也就显得不那么重要，进而各自认错。在这样各自检讨的氛围中，寻找错误的根源，应该比较便捷。

过失是争出来的，不是推出来的。大家争责任，责任自然分明；彼此推责任，则会权责不清。大家争过失，大大小小的过失都会被找出来，很容易认清过失的真相，以便日后加以避免；大家相互推诿，把过失推给对方，如此推来推去，始终抓不住过失的要点，不久便会重蹈覆辙，一犯再犯。

中国人更倾向于"二合一"而非"二选一"的思维方式，总觉得"一个巴掌拍不响"。任何过失，似乎都不是某一个人独自造成的。认真检讨起来，好像大家都有错，只不过有多有少，程度上存在差异而已。

只要有人勇敢地承认错误，其他人往往会被激励，也勇敢地跟着承认自己的错误，反正大家都有错，共同承担后果比较容易，怕什么？认了。

孟子提出"居上先施"的定律，认为某些事情由上司先做，下属自然会放心地追随。上司率先承认自己的过失，下属当然会接二连三地承认自己的错误。

孔子担心"不善不能改"，即发觉自己不对，还不能改正。要改正自己的不对，必须有面子地承认不对的地方，才会下决心加以改正。

上司先认错，下属自然会觉得不承认错误反而没有面子，跟着上司承认自己的错误，才是有面子的人。这是促使下属自省的有效动力。

但常见的情况是下属承认错误，上司立即加以指责，同时把所有责任都推给他："他自己承认的，还有什么话讲？"这才弄得下属不肯承认错误，也不愿意承担责任。上司这种常见的"不善"，是不是应该"能改"呢？若是一直"不能改"，下属又怎么敢改正呢？

孔子对自己的期望，不过是"可以无大过"。可见"小过不断"并不是什么骇人听闻的事情，我们常指责他人"大过不犯，小过不断"，好像是不可原谅的错误，其实"多做多错"不正是"小过不断"的根源吗？上司不喜欢"小过不断"，下属只好以"不做不错"来保护自己，又有什么不对？

容许下属犯错，下属才敢多做。只要是无心的小过，最好不罚，如此下属才敢自省，也才敢坦白承认。

有意的、违法的、大的错误，当然要罚。罚大的不罚小的，大家才会放心地说出自我检讨的结果，只要下决心"不二过"，就可以无大过了。

第六节　要诀在"明暗、大小兼顾并重"

西方管理的考核主要在奖励功劳，功劳越大，考绩越好，年终奖励越多。但是在员工心目中，这样的考核难免有"算账"的味道——一年下来，算一算总账，到底功过如何？而且还有"杀人"的威胁性——只要表现不佳，就有被裁员的可能。

中国员工都十分谦虚，不敢说自己有什么功劳。因为我们明白，功劳是上司给的，不是自己所能够抢得到的。上司认定我们有功劳，我们就有功劳，这时候还要谦让一下，功劳才会更大。如果我们自己标榜有功，上司便会提高警惕，把功劳收回去，泼一泼冷水，让我们头脑保持清醒。

我们不敢认定自己有功劳，因此我们常说自己没有功劳也有苦劳。每人每年拥有同样的时间，可见大家的苦劳都差不多。

"功劳"人人想要，却不便启齿；"苦劳"人人敢要，但难以满足心理需求。所以中国式管理的考核，通常分为明、暗两部分，同时进行。

明的考核，是考核"苦劳"的部分，大家都差不多，通常依照资历的深浅，给予"大家都一样"的考绩奖金，使大家觉得有面子，没有输给别人，而认为很公正。

暗的考核，反而是用来考核"功劳"的部分，有大有小，差距很大。由于采取"暗盘"的运作，私下发放考绩奖金，让大家都不至于没有面子，因而觉得相当公平。

如果只有明的考核，大家都差不多，这时候大家觉得很公正，却完全不公平，因为这种齐头式的奖励，等于鼓励大家混日子，看谁混得比较久，混得久一些，奖金就多一些。如果只有暗的考核，奖金根据实绩不同有多有少，大家认为很公平，但拿到的奖金少时，就会觉得面子上受到伤害，没有办法向家人交代，只好猛发牢骚，指责上司不公正、偏心。有明有暗，面子和实绩兼顾，当然既公正又公平。

明的部分，依据各人的资历，发放同一标准的奖金，激励作用不大，所以不能多给。

暗的部分，依据各人的实际表现，贡献大的发得多，贡献小的发得少，而且差距可以拉得很大，更加具有激励作用。

明的暗的一起来，一方面顾全大家的面子，另一方面激励大家好好表现。这种既顾面子又分好坏的原则，是考核有效的最佳保障。

对中国人而言，让他有面子，什么都好商量，这时候再来分高下，他便会努力表现；而让他没有面子，很容易引起他情绪化的反应，这时候无论多公正，他也觉得自己受尽委屈。

考核不可以用来"算账"，因为算完账，不管得失如何、功过如何，时间都已经一去不复返，有错也无法弥补。

上司应该善用考核来激励下属抓紧时间把工作做好，不可以等到时间流逝后，才一五一十地算总账。

一年之始，上司便应该进行考核，而不是等到一年结束，才翻开旧账，逐条清算。

每年的12月，实际上就是第二年的开始，这时候上司应该把下属分别请来，跟他谈一谈明年的工作计划，告诉他有哪些工作等待他去做，让他明白只要把哪些工作做到什么样的标准，他就有功劳，可以获得一些奖励。这种先给予期待的考核，可以让下属心里有充分的准备，按照上司所期待的标准好好表现。

考核不必用来"杀人"，反而应该用来"救人"。表现得不理想的人，不必急于"杀"他，再给他期待，再给他机会，把他"救"过来，毕竟"人不如旧"，常常换新人，不如把旧人激励好，使其继旧开新，有新的良好表现。

美国人重视"个人"考核，日本人重视"团体"考核。中国人呢？个人与团体考核兼顾并重。考核的时候，先考团体再考个人，大家才会乐于接受。

先把整体的目标定下来，依据目标达成率来考核各部门。考核得到的成绩，作为这个部门中各个成员考核的依据。通常部门考核评为优等，这个部门的成员都应该评为优等，就算其中有一两个成员表现得不够理想，也让他们沾光，以增强其团体意识。采取团体和个人合一的考核方式，明暗、大小兼顾并重，考核才能有效。

第八章

圆满的沟通艺术

在沟通方面，我们最重视圆满，也就是设法让每一个人都有面子。

沟通要求圆满，必须先在真实性之外考虑其妥当性。

对不同阶层的人，采用不一样的沟通方式，是出于伦理的考量，而不是势利的表现。

将会而不议、议而不决、决而不行运用得恰到好处，自然有妙不可言的功效。

从整体来看，世界各国的管理都差不多，大体上没有什么不同。但是从细节来分析，各国的管理又存在诸多差异。

其中最大的差异，可以说在于沟通、领导和激励。换句话说，要想走出具有中国特色的管理之路，必须在沟通、领导、激励这三方面多下功夫，切实掌握中国人在这些方面的特殊习性，管理才能够合理而有效。

在沟通方面，我们最重视圆满，也就是设法让每一个人都有面子。因为在沟通的时候，如果有人觉得没有面子，就会引起情绪上的反弹，制造很多问题，不但会增加沟通的成本，而且会产生难以预料的不良后果。

沟通要求圆满，必须先在真实性之外考虑其妥当性。真实固然重要，但如果不妥当，就可能对他人造成伤害。然而妥当与否实在很难说，所以不明言常常是沟通的基础，唯有站在不明言的立场上把话说清楚，才不至于一开口就伤人。

对不同阶层的人，采用不一样的沟通方式，是出于伦理的考量，而不是势利的表现。

在最常见的会议沟通中，务须冷静下来，重新审视，理解会而不议、议而不决、决而不行的真正用意，并运用得恰到好处，自然有妙不可言的功效。

圆满很不容易达成，却值得大家用心追求！

第一节　妥当性与真实性

中国人普遍认为自己十分诚实，却总觉得别人有所欺瞒，这背后的原因究竟是什么？

一个中国人十分诚实地把心中的话说出来，其他人却总认为他在骗人，尽管他信誓旦旦重复说好几遍，一再宣称自己说的是实在话，仍然会引起大家的怀疑。自己越保证，别人越不相信，奈何！

出现这种现象的原因，在于中国人有一个表达原则，那就是"妥当性大于真实性"。通常我们认为自己在说一些真实的话，实际上却大多在说一些妥当的话。

"明天请支援我三个人。"甲说。

"实在没有办法，我自己也忙不过来，人员调动不开，非常抱歉！"乙回答。

甲很不高兴，因为事先私下协调，乙已经答应，为什么忽然变成这个样子？令人费解。

乙完全没有不诚实的感觉，他只是把话说得妥当一些，并没有欺骗的意思。

乙认为，私下协调，当然可以明说没有问题；如今当着领导的面，如果答应得爽快，领导会不会认为我这个部门人多事少，想办法把人减少一两个呢？若是如此，岂非自找麻烦？

乙这样回答，是一种妥当的表述，但是听不懂的人，便会真的以为他在拒绝支援，不免失望而觉得他不诚实。

明智的领导自然领会到甲不可能那么冒失，事先没有征得乙的同意，便当众提出支援的请求；也应该知道乙不是言而无信的人，只是为了保护自己，以免引起不利于自己的误会，才如此回应。

高明的领导不会立即介入，而是静待甲的后续动作，看看他的修己功夫好不好。

如果甲不高兴地说:"怎么了?我昨天向你提起的时候,你不是答应得好好的,为什么现在反悔了?"表示甲的修己功夫很差,对同仁连起码的信任都没有,让他吃点苦头是应该的。而且如此真实地明说,以后怎么和乙相处?领导只好说:"人员调度的事宜,你们两个再研究研究。"暂时予以搁置,看看后面的进展如何。

修己功夫良好的人,应该明白乙并不是不可信任的,他只是把话说得妥当一些。这时候甲应该反省自己把话说得太真实了,不够妥当,赶快接着说:"我知道你很忙,但是我确实有需要,请务必支援。"其实这一句话早就应该说出来,而不是等到被乙点醒后,才紧急补救。

领导看出甲的功夫和乙的涵养,这才施展出自己的本事,说:"实在抱歉,让大家忙成这个样子。你明天尽可能支援他两三个人,你这边如果忙不过来,我来想办法好了!"

甲若是高明,一开始便应该这样说:"我知道你很忙,但是我实在需要你的支援,会后我们再来商量一下人员的调度,好不好?"

乙大概会这样回答:"你每次再忙也都设法支援我,我虽然忙碌,支援你也是义不容辞。"

然后领导说:"让你们老是支援来支援去的,实在不好意思。这样吧,有什么我能够做的,我来帮忙好了,千万不必客气,反正我闲着也是闲着。"

大家都说妥当话,是不是能在和谐中圆满解决问题呢?那也未必。如果每次都这样,便是"大家虚情假意",口中说一些好听话,但完全没有解决问题的诚意,不可能圆满解决问题。

说妥当话,必须具备解决实际问题的诚意。甲事先和乙商量,而不是公开地说,这是顾虑乙的立场,让他比较方便表示意见。乙满口答应,乃是因为领导不在场,也没有其他人能听到,当然可以放心地直接表明乐于支援的态度。人情做到底,因此答应得十分爽快。

没想到甲竟然糊涂到在领导面前如此直截了当地说出要求,这种"明天请支援我三个人"的真实话,等于公开表示"我们两人事先已经充分沟通,而且乙答应得很爽快",完全不顾乙的立场,乙当然接受不了。

把"明天请支援我三个人"这一句真实话,稍微修饰一下,说得妥当些,变成

"对不起，我应该事先问你的意见，我去看过你两次，看见大家都很忙碌。现在冒昧请问，能不能明天想办法支援我两三个人？只需一天就好。"

乙明明和甲事先商量过，现在甲这样表述，当然不是存心欺骗，而是在领导面前，侧面描述乙的部门忙碌的情况，让乙能够放下心来，答应"尽量想办法"。

私下说一些真实话，公开场合说得妥当一些，这叫作公私两便。有人脑筋转不过来，硬是搞不清楚："怎么私下讲得好好的，现在又变了？"其实一点儿也没有变。

领导听见下属的妥当话，一方面高兴下属互相尊重，同时也尊重自己；另一方面则要查明，这话的妥当性与真实性之间，到底有多大差距？若是差距很小，有必要调整一下人事；若是差距很大，便要提高警惕，下属善于演戏，必须合理地拆穿，才能够纠正歪风。

管理从某种角度来说，便是"控制差异"。任何差异都值得注意。管理者要采用合理的成本和方法来加以控制，使差异合乎控制的标准。

语言或文字沟通，同样需要合理控制，才能达到预期的效果。妥当不妥当，便是合理不合理，所以仍然应以合理的妥当、合理的真实为拿捏的尺度。

中国人不会问客人"会不会喝酒"，因为没有一位客人会诚实地回答："我很会喝酒。"很可能问了等于没问，根本得不到真实的答案。

问"喝什么酒"比问"会不会喝酒"所得的答案更可靠。"不喝酒"和"不会喝"之间，有一些差异，必须仔细分辨，妥当处理。

沟通三要则

"我告诉你，你不要告诉别人。"

"你如果要告诉别人，不要说是我说的。"

"你如果告诉别人是我说的，我一定说我没有说。"

这三句话，在中国社会似乎随处可闻。它们代表沟通的三个要则：

第一，我说的话，你相不相信，相信到什么程度，要不要转述，转述到什么地步，都必须由你自己决定，不要赖到我的身上。我告诉你不要告诉别人，事实上并没有什么约束力，只是好意提醒你，你自己做主。

第二，你如果决定要告诉别人，表示你已经充分理解、相信我所说的话，并且经过考虑，要告诉别人，这时候你所说的话，已经是你自己研判之后的资讯；而你所要告诉的对象，也是你自己所审慎选择、决定的，一切都与我无关，所以不要把我牵扯进去，说是我说的。

第三，如果你一定要告诉某人，却又指明是我说的，但鉴于这个对象根本不是我选定的，要说哪些话、说到什么程度也不是我能控制的，因此我只能表态：我并没有说这些话，至少我不是这样说的，语气、用词都不相同。

沟通，必须自己负起责任，才能赢得大家的信赖。总是转述他人的话，自己不负责任，并不是良好的态度。中国人坚持的这三个沟通要则，不要从负面去扭曲它们的本意，而应该从正面去理解它们的真正用意。不转述自己不清楚的事情，自己说出来的话自己负全部责任，这不是很好吗？

第二节 以不明言为基础

西方人喜欢公开化、台面化、透明化，把一切摊开，有话明讲。因为在法治社会，是非十分明确，对就是对，错就是错，没有什么好隐瞒的，也隐瞒不了什么。

中国社会的道理，大多是相对的：对中还有一部分错，而错中也多少有一些对。不透明化还好商量，一旦透明化，谁也不见得好过。

西方人请客，帖子上印得十分清楚：6月6日敝人生日，欢迎各位光临我家吃蛋糕，参加生日舞会。

中国人请客，帖子上简单明了地写上八个大字：敬备菲酌，恭请光临。内容非常不透明，不知道为何宴客。

接到帖子的人，若是打电话去问请客的缘由，主人一定笑着说："没有什么，大家聚一聚，真的没有什么。"这样一来大家全都明白：一定有事，不然为什么一直说真的没有什么？主人笑的意思倒是相当明显：你还问我，叫我怎么说呢？难道你不可以自己去打听，问我岂不是叫我为难？

明说，实在很为难，因为听的人非常不高兴。

西方化的中国人，帖子上也印得十分清楚：6月6日敝人生日，敬备水酒蛋糕，恭请光临寒舍。

看的人多半会将帖子摔在地上：请客就请客，为什么说生日？摆明要我送礼。

不明言有什么好处？分析起来真的是好处多多：

第一，不明言才不致使自己站在亮处，曝光太多，让人家一目了然，很容易被抓住弱点，任人摆布。明言的人，把什么事情都说出来，在中国人眼里，真是十足的"口无遮拦"。

第二，不明言才有回旋的余地，不至于把自己逼上绝路。反正话还没有说出口，怎么改都可以。明言的人，把话都说清楚了，如果发现情况对自己不利，根本没有改变的可能。所有的话都是自己亲口说的，既改变不得，又抵赖不掉，岂不苦恼？

第三，不明言才能引出对方的本意，因为对方摸不清楚自己的底细，只能将事情原原本本地说出来。明言的人，率先把自己的意见说出来，别人就不愿意明确表示不同的意见，只是口头上顺着明言的人，心里依然有他自己的念头。

何况透明化的结果，必然会引起很多人的怀疑：真的是百分之百透明吗？有没有隐藏？结果虽然透明化，过程呢？于是他们进一步要求过程也透明化，以致争论不休，闹得难以收拾。

西方人以法为依归，接受"恶法胜于无法"的观念。只要合法，就无所谓公平，大家在法律面前一律平等，当然可以明言事实，力求公开、透明。

中国人重理，以合理为评量标准，不接受"恶法胜于无法"的观念，要求不合理的法必须立即修正，否则法本身已经不公平，依法也不能令人心服。

理的特性，是变动性相当大。公说公有理，婆说婆有理，见仁见智，在这种情况下，不明言才能兼顾各种不同的立场，令"公""婆"都觉得有面子。一旦明言，就会出现几家欢乐几家愁的场面，对说话的人非常不利。

不明言当然不是糊里糊涂，因为中国人最厌恶糊里糊涂。不明言是心里清清楚楚，却表达得含含糊糊，所以是一种清清楚楚的含含糊糊。

西方主张明言的另一种支撑力量，是大家相信专家。凡有疑问，经过公听会、听证会的公开讨论，可以获得让大家普遍接受的结论，真理越辩越明。

中国人不轻易相信专家。公听会、听证会上，专家各说各话，往往找不到共识点。中国人解决问题，"摆平"比真实性更为重要。

不明言的目的，在于"让应该知道的人知道内容；让不应该知道的人知道皮毛"。这种"以应该不应该为标准来划分公开不公开"的做法，不但合理，而且符合中国社会的特性。

中国人知道纸包不住火，真相迟早会水落石出，所以明言与不明言，最后的结果是一模一样的。不明言根本不足以欺骗任何人，只是让大家觉得有面子。

第三节　采取不同的申诉方式

西方人遭受指责和批评时，反应的方式比较理性，通常会先检查一下自己的所作所为，看看有没有错误。若是发现自己确实有错，就坦白承认，设法道歉；若是认为自己没有错误，便理直气壮地申诉"我并没有错误"或"错不在我"。

中国人不应该这样，否则到头来必定吃亏，因为一般来说，理性的态度只会出现在教科书上，实际上中国人相当"情性"。

我们受到指责和批评的时候，要先认清对象，搞清楚"指责我的人究竟是谁"。中国人习惯于"把事和人连在一起考虑"，因为"事在人为""有人才有事"。我们听到一句话，往往最先开口问的是："谁说的？"

指责的人职位比我们高、势力比我们大，或者声望比我们显赫，最好的应对方式，便是"做错了，赶快向他道歉，并设法获得谅解；没有做错，则保持沉默，不说话"。

位高势大的人，习惯于接受道歉，不喜欢听到申诉的声音。即使道歉，他们也未必轻易接受，认为"道歉就可以了事，好像太过简单"。因此，要自行设法或通过合适的第三者，取得他们充分的谅解，才能了事。

保持沉默，对上级而言已经等于申诉。居上位的人觉得很奇怪："这个人怎么搞的？我说他做错了，他居然不说话，既不来道歉，也不找人来寻求谅解，真是好生奇怪！"

中国人的高明之处，就表现在懂得用不说话来引发上级的好奇心，诱导他主动前来了解实情，而且由于没有申诉的声音，比较不容易引起上级的不满。上级以较为平静、宽容的心态来了解实情，往往会接受"原来并没有错"的事实，笑着说："你没有错就要讲啊！为什么不讲呢？"这时候如果高明地回答："我还是有一些缺失，需要改进。"上级将更加满意。

当被上级指责却发现自己没有错误时，若立即理直气壮地申诉，在中国社会往往最为吃亏。上级发觉自己指责错误，当然不可以恼羞成怒，只能接受自己判断错误的事实，向下属道歉："对不起，你没有错，是我自己看错了。"这种情况下，将来受挫的，必然是下属。

上级发现自己判断错误，已经觉得没有面子；不得不向下属道歉，更加没有面子。中国人没有面子的时候，最想做的便是把面子找回来。如此，上级往往会一心一意地去找这位下属的错误，相信不出两三天就能被他找到。他会笑着说："我前几天说你有错，你还不肯承认，现在呢，你还有没有话讲？"

指责的人职位、势力、声望和我们差不多，此时申诉，对方常见的反应是："好，我承认我有错，可你难道一点错误都没有吗？"于是毫无保留地把对方的错误也宣扬开来，弄得对方下不了台。

"我早就知道你犯了错误，只是为了保护你的面子，不说出来。想不到你不顾我的面子，公开指出我的错误。根据彼此彼此的交互法则，我当然也要指出你的错误。"

中国人一向十分讲理，而我们所尊奉的道理，即在彼此彼此，"你如何待我，我便如何待你"。

中国人有错误不是不可以说，而是"应该说，但是不可以这样说"。有错误不指出来，怎么改进？但有错误就直接指出来，大家都没面子。所以有错误一定要说，只是要说得有技巧，不使人没有面子，才算圆满。

"这种结果，是制度不完善的体现，如果制度不改，恐怕会一直错下去。"把责任推给制度，间接点明他人的错误，让他自己去改正，是我们常用的方式。

西方人蒙受不白之冤，喜欢依法申诉。中国人则心里明白，法只能保护一时，得罪了人，却会引来长远的报复。息事宁人，表面上看起来很懦弱，实际上往往是根本的化解之道。在法的方面获胜，但是在人的方面失去太多，恐怕会得不偿失。

错在自己，当然不能申诉，否则越描越黑，弄得自己更加没有面子；错不在自己，也不一定可以申诉，要考虑一下申诉的结果会不会影响他人。真正应该负责的人若已经听到指责的声音，可能正在设法化解。如果经由他的努力，自己照样可以获得澄清，为什么不稍微等候一下，让错误自然消解，更为省力省事！

若申诉并不影响他人，这时再想怎样申诉最为有效。还要仔细研究指责者的背景、未来发展和指责的用意，来调整自己的申诉方式。有时候不申诉反而能够获得一位良师益友或一位能够提携自己的上司，因申诉而错失如此良机，不如忍一时而造福自己。

能不申诉便不申诉，并不是怕事；用不同的方式来申诉，则是保护自己。怕事不好，惹事更不好。先保护自己，再有效地申诉。有时，可能我们冷静下来之后，便不想申诉了，反正总有一天真相会水落石出，急什么呢？

第四节　最好做到"会而不议"

"会而不议"分为两种不同的情况。第一种情况是"会议中大家不用心商议",见面打哈哈,别人发言时打哈欠,被问时笑哈哈,听得高兴时哈哈笑。这种情况下,会议不但不能产生正常效果,还容易被有心之人利用,当然是不好的现象,应该受到指责,更应该想办法加以改变。

第二种情况则是"会前已经充分沟通,建立共识;会议中又没有什么变数,不必多商议即能获得大家都能接受的答案"。请问,这有什么不好?

这两种截然不同的情况,和领导者的领导风格密切相关。领导希望大家"会而议",大家会前往往各怀鬼胎,互不沟通,以期在会议中各显神通,让领导者刮目相看。"会而议"逐渐演变为大家相互攀比、争夺功劳的局面,就会引起恶性的竞争。因此,大家为求自保,逐渐形成"会而不议"的习惯。

第一种情况的"会而不议",大家都厌恶,却又都这样做,这不是矛盾吗?不矛盾,是理所当然、势所必至,因为中国人喜欢直言,却又消受不了,觉得很没有面子,有时会恼羞成怒。请看这两句话,便知其中奥妙:

"你的意见很好,当然应该说出来,但是,你怎么可以这样讲呢?"

你应该讲,却不应该这样讲。讲得让我生气,当然算你倒霉。历史上祸从口出的直言不讳者数不胜数,叫人怎么敢"会而议"呢?议得合理还好,若不合理,"你怎么可以这样讲"的罪名,有谁承担得起?

中国人会前、会后都比较容易沟通,偏偏开会时大家面对面,最难沟通。为什么一定要强人所难,务求"会而议"呢?因为会前、会后比较不容易产生面子问题,开会时大家聚集在一起,最容易产生面子问题,当然也最容易产生矛盾,"会而不议"反而比较安全。

我们常说"见面三分情",却没有人说"会议三分情"。会前、会后的见面,属于非正式的,不必分输赢,当然能够放心地以三分情来缓和一些压力。开会时的见面,属于正式的,随时要分出输赢,而且在那么多人面前更不容许自己丢面子,因此三分情使不出来,反而要故作一切依法、对事不对人的姿态,结果不仅增加沟通障碍,而且更加容易得罪人。

对于中国人而言,会议固然是自我表现的良机,却同时也是让个人形象受损的场所。前者往往难以把握,因为决定权由上级掌握;而后者则比较容易规避,只要记住"沉默是金",便能够确保"无过"。因此,中国人大多采取"会议中少发言,会后再沟通"的"自我平衡"策略,安全第一,不是吗?

中国式会议最好以"3:1:3"的比例来安排时间,意思是会议如果预计开一个小时,大家就要在会前花三个小时来充分沟通,会议中获得一个富有弹性的共识,会后再花三个小时根据这个共识进一步沟通,寻找可行的方案。会前沟通是开会有没有效果的基础,不可以把一切希望寄托在会议过程中,以免出现"会前不用心,开会乱讲话"的现象。

领导者要先确立自己的开会政策:一是不开不必要的会议,以免浪费时间、人力和物力;二是不容许会议没有效果,若会议没有效果,就要追究申请召集开会者的责任,使大家对会议不敢掉以轻心;三是既不鼓励也不压制大家发言,有话就说,但要说到大家都有面子、没有人发脾气的程度。

要让会议产生效果,会前必须多多沟通,这时候相对没顾虑,不容易出现难堪的局面,沟通起来多半比较顺畅。

会前沟通的良好基础,在于"谁也不必居功",因为领导者不会把会议当作斗兽场,让大家在会议中进行无谓的争斗。功劳是推出来的,不是争出来的。大家心存不争,或者懂得用让来争,在会前自然能够毫无保留地实话实说。只要会前充分沟通,达成某种程度的共识,会议中大家根据共识放心地补充和引申,不致当面产生冲突,当然没有面子问题。这样的"会而不议",才属常态,是中国式管理中开会的最佳方式。

第五节 用"议而不决"来达成一致

会而不议，却能够达成共识，使大家下定决心，按照共同的认知用心完成任务，既不必在会议中大费唇舌，也不用担心得罪同仁，是大家都喜欢的会议方式，合乎安人的要求。

若是非议不可，领导者就应该提醒自己：此事尚未达成共识，不是会前沟通不良，便是彼此之间仍有分歧，最好不要做出决议，以免留下后患。

凡是和中国人相处较久、比较了解中国人的西方有识之士，都能体会到中国人在会议方面展现出来的独特性。譬如会议中出现分歧，会后在外面讨论会议过程，往往会引起当事人的不满，认为会议中的主张何必在会后向他人宣扬，是不是想显示自己的高明，而置同仁于难堪的境地？工作中的若干阻力，来自会议过程中意见的冲突或不和，应该是许多人深有同感的事实。中国人常把议决看成会议中派系的对决，将决议的通过与否和派系的面子及实力联系在一起，情绪的激动往往凌驾于理性的判断之上。

领导者是会议的召集人，不应该成为裁决者。如果领导者拥有裁决权，与会者就会将领导者急于办的事，说成对大众有益的事而极力吹嘘其好处，同时把领导者不想办的事描述得一文不值而加以反对。一切以猜测领导者的好恶为依归，还有什么公理可言？领导者有裁决权而不行使，才是尊重大家的表现。

通过举手表决来决议，在众目睽睽之下公开举手表示自己的意见，对中国人来说同样是强人所难。这一举，不知会得罪多少人。

比较可行的，是无记名投票，虽说此举可能会增加若干麻烦，但至少可以藏匿自己的真实想法，用"口头说尽好话，却投反对票"，或者"表面上反对，却投同意票"来混淆视听，以求自保。但是依据实际经验，无记名投票的结果，往往和记名投票相差不多。因为通过换票、亮票、连票等手段，无记名投票已被牢牢束缚，变得相当透明，谁也不敢放心地投出自己想投的票。

只要有心控制，所有表决方式都逃不出预先的决定。无论采用哪一种表决方式，大家都心知肚明，恩怨也将被记载分明。

领导者不必裁决，却应该发挥"以不裁决来裁决"的能力，在不伤害任何人面子的情况下达成决议，才符合"圆满中分是非"的标准，不至于产生后患。

会议中某些议题不能迅速达成决议时，领导者最好明确表示"既然大家对这个议题有不同的意见，不如会后好好沟通，改天再找时间商议"。因为中国人会前好商量，会后也容易沟通，就是会议中面对面很容易引起意气之争，反而不好商量。

散会的时候，领导者大声对甲说："有没有时间，到我办公室谈一谈。"大家便充分知晓，领导者对甲的意见情有独钟，比较支持。但是他用这种不明言的方式表达，一方面表示顾及大家的面子，另一方面也表明此事仍有商量的余地，不一定会采纳甲的意见。

甲到办公室，领导者依然不明确表示支持的态度，而是再询问一次："你对这个议案的意见如何？"这时候甲如果自信满满，毫无谦让之意，领导者应该提醒他："这么好的意见，为什么还有人不赞同？"希望他再进一步，寻求大家都能够接受的答案。若是甲谦虚地表示："其实我的意见并不周全，至少可以再折中一些。"领导者就给他时间，让他自己去沟通。如果甲的意见真的很好，却又难以沟通，领导者可以请来不赞同的人，让双方坐定，轻松地说："我始终听不明白，你们两个人的意见有什么不同，能不能再说一遍，让我仔细听听？"相信两人很容易就能达成共识，不再强调自己的独特之处。

领导者应该有判断力，但同时也要站在尊重大家的立场上，不轻易显露自己的判断。与会者应该具有"能提出好意见，也能够让大家乐于接受"的本事。有好意见，却不能让大家接受，终究是"有能力，却缺乏本事"，未尝不是一种遗憾。领导者有裁决权而不用，让大家有面子地接受良好意见，才能够让各方真正发挥协同一致的合力。

议而不决，实际上是议而决，也就是用议而不决的形式来达成议而决的目标。

采用这种方式，有以下三大优势。

第一，加强大家的会前沟通。如果忽视会前沟通，会议中有人不同意某一方案，或者无论方案是优是劣，领导者都不予裁决，不仅耽误了时间，还可能被追究责任——为什么拖到会议进程受阻还寻找不出可行的方案？领导者议而不决，却将责任推给下属，绝非明智之举。

第二，防止大家意气用事。一旦动用裁决权，就会出现几家欢乐几家愁的局面。一些人被逼得紧了，可能会产生"豁出去了，管那么多做什么"的想法，进而意气用事。在这种情况下，决议的质量将大打折扣，这将对组织实现目标产生极为不利的影响。

第三，促使大家重视会后沟通。议而不决，当然不是永远不决。大家都知道非决不可，只是暂时不决，留待大家会后沟通，以便下次会议时能够会而不议就达成共识。领导者能决而不决，主要目的在于考验大家有没有达成决议的热忱。如果希望早日达成决议，必须及时进行会后沟通，以免耽误时间，导致许多工作难以推进。

真正的议而不决，是高质量的议决。要求全体人员同心协力，最好议而不决，在圆满中达成决议，方为上策。

第六节 "决而不行"才能及时应变

决议之后，不管遇到什么变数，都盲目地坚持依决议而行，属于完全没有做事的诚意。

"为什么这样做呢？既然出现了一些变数，为什么不考虑一下调整方案，让它更加合理呢？"

"没有办法呀，决议如此，我只能遵照执行。"

这样的对话，充分显示出执行者只求不违反决议，而并不留心大家的感受，也不关心决议执行的后果。坚持决而行，并不一定能使工作有成效；决而不行，有时候反而效果更好。可见决而行和决而不行，不必二选一，而应该二合一。有时候决而行，有时候决而不行，这样的应对方式往往更能赢得他人的认可。

决议行得通，没有出现什么重大的变数，当然应该依决议而行，不能擅自变更，以免引起大家的怀疑和指责：明明决议是这样的，为什么不切实执行，却要节外生枝？是不是有什么私人恩怨？会不会因私害公？

如果决议之后，出现某些重大的变数，仍坚持依决议而行，可能招致若干不利的恶果。这时候当然不能够盲目决而行，而应该依实际情况权宜应变。在这种情况下，即使决而不行，也应当被视为一种合理的应对方式，值得鼓励。

在决而行和决而不行之间，有一个取舍的标准，就是我们常说的"合理"。合理的决而行与合理的决而不行都是正当的行为。反之，不合理的决而行与不合理的决而不行，都应当受到质疑，并及时制止。问题的关键在于，合理不合理的界限往往难以界定。大家为了明哲保身，大多坚持决而行，以避免承担责任。真正有心做事的人，才愿意决而不行，然而却容易受到不明事理之人的恶意攻击和批评，难免心有不甘。

在当今这个快速变迁的时代，任何决议产生之后，都难免出现若干变数。如果抱持决而行的态度，无视内外环境的变数，盲目依据决议而行，这种态度其实相当不负责任，不应该受到鼓励。

此时不如采取决而不行的态度，在不按照决议而行的基础上依照决议而行，这样才有足够的警觉性，对于决议的任何细节，都能够以合理与否来加以检验。合理的部分，当然决议优先，不容擅自变更；不合理的部分，则应该按照下述三个步骤，妥善处理。

第一步，审视实际的变数，寻求合理的应变方案。找到应变方案以后，不可以马上付诸实施，因为个人的职权在于依照决议而行，不能够擅自变更，万一造成意料之外的恶果，即使自己愿意承担责任，也将辜负组织和上司的信任。这时候必须将自己找到的应变方案拿出来和相关人员商量，获得大家的认同与支持，然后向上司请示，获得上司的批准后，才可以据以实施。这样既能权宜应变，又尊重上司的裁决权，两边兼顾，应该是最恰当的工作态度。

第二步，即使获得了上司的许可，也不能就此放心地依照应变方案而行，因为上司许可之后，仍然可能产生新的变数，必须采取边做边调整的策略，每当变数出现时，便依据第一步的原则，再次提出应变方案，和相关人员商量，向上司请示，随时进行合理的调整。

第三步，如果上司不批准应变方案，执行者不可就此而放弃自己的想法，因为如此一来，上司就会怀疑执行者的能力和决心，长此以往，上司对执行者越来越不信任，也就越来越容易否定执行者提出的应变方案，增加执行者权宜应变以求合理的困难度。所以当上司不批准时，应该先答应遵照指示，肯定上司的正确性，再合理坚持自己的看法，以表明自己并不是信口开河。这样做旨在表明执行者对所提出的应变方案是有一定把握的，促使上司对执行者所提出的应变方案给予一定重视。

决而行，比较适用于环境稳定、在短时间内就能完成的决议；决而不行，则比较适用于环境多变，或者需要长时间才能完成的决议。

不要在决而行和决而不行之中用二选一的方式来选择其中一条路，因为选定之后，必然难以根据事实的需要而灵活应变。我们最好采取中国人擅长的二合一思考方式，将决而行和决而不行合在一起想，合在一起看待，走出一条可以决而行也可以决而不行的路，随时权宜应变，以求制宜。

二合一也有本与末的区分。在稳定环境中以决而行为本，以决而不行为末，站在决而行的立场，来进行决而不行的思考。在变动环境中，则应该以决而行为末，以决而不行为本，站在决而不行的立场，来评估决而行的可能性。在稳定时期，大家比较倾向于决而行，这时候决而不行，若非提出充分的理由，大家很难接受。在变动期间，大家必须做好充分的心理准备，接受决而不行，若盲目指责决而不行，导致执行者不敢进行必要的调整和应变，对决议的执行有害无利。

把决而不行和"上有政策，下有对策"对应着看，便可以看出其中相同的道理：只要为公而不徇私，就是合理的应变；若是为私而非为公，必须及时制止，以免后患无穷。公正合理，是人人喜爱的随机应变；徇私舞弊，是人人痛恨的投机取巧。唯有公正合理的决而不行，才是可行之道。

有些人不明白决而不行的道理，把它列为中国式会议的三大缺失：会而不议、议而不决、决而不行。我们正本清源，看清楚这三大特性之后，才猛然觉察其中深奥的用意。如果应用得当，可以使会议的效果出人意料的好。

会议成本十分高昂

在一片降低成本的声浪中，我们应该重视会议的有效性，以免浪费高昂的成本。

一上班就开会，会议通知单上只有开会时间而没有散会时间，该参会的人没有收到邀请或不能到会，不应该参会的人却不请自来，主持人、记录员无法胜任工作，参会的人不遵守会议规则，迟到、早退或废话太多……这些常见的现象，都是会议无效的原因。可惜长久以来，我们反而把注意力集中在抨击会而不议、议而不决、决而不行上面，不但偏离了方向，而且极力追求会而必议、议必有决、决就必行，更加严重地降低了会议的效果。

特别是中国人，会前会后都比较容易沟通，反而在会议中十分难以沟通。许多人盲目地认为会议就是要讨论、商议、做决定，以致每次开会必得罪若干人，甚至开会越多矛盾越激烈，造成许多不必要的困扰。

为什么不能设法利用会前的充分沟通，做到会而不议却能够建立共识、达成决议而不损害他人面子呢？

有效的会而不议，其实才是用心准备、重视会议效果的表现，我们凭什么否定它的功能与价值？

会议中出现变数，无法达成会而不议的预期效果，这时候秉持议而不决的原则，能决当然要决，不能决的就让它议而不决，等待会后沟通，可决时再决。

决议能够顺利执行，当然决而必行。会议之后产生若干变数，使执行出现一些困难，或者执行时发现决议存在偏差，为求提升执行效果，做出一些合理的调整。请问这样的决而不行，有什么不好？

有计划，有充分的准备，同时还具有必要的本事，能够有把握地达成会而不议、议而不决、决而不行的有利状态，应该是一种值得尝试的方式。

第九章

圆通的领导风格

中国式领导，说起来就是一连串心与心的感应，是心的互动。

按照情、理、法的架构来领导，不但合理，而且可以激发团队成员的自主性，达到无为而治的最高领导境界。

请问：领导和管理，哪一个比较重要？

认为领导比管理重要的，通常比较重视人性面，采取人治大于法治的态度，很温馨，有人情味。

认为管理比领导重要的，通常以制度为依归，采取法治大于人治的态度，强调依法办事，视人情为畏途。

把领导看成管理的一部分，未免太相信一般教科书的论述，还没有从管理实务中充分体会其真义。

中国人希望通过好好做人来好好做事，十分重视领导，也就是注重人性的提升和发扬。凡事讲求合理地推、拖、拉，表现出圆通的行事风格，着实不简单，要做到这些，必须重视如下三点。

第一，我们必须认清领导比管理更重要，把同事当作人而非管理对象看待。

第二，从"一视同仁"逐渐过渡到"区别对待"，虽然公正，却难以实现绝对的公平，但这种合理的差异可以使大家在不公平的氛围中奋发图强，说起来也是一种形式的激励。

第三，也是最关键的，是凝聚员工的共识，根据实际状况，选择圣主型、贤相型或互动型的领导方式，顺应中国人的心理需求，把大家的想法自然地汇聚起来，用心防止小人当道，慎防把好人看成坏人，却将坏人看作好人。

按照情、理、法的架构来领导，不但合理，而且可以激发团队成员的自主性，达到无为而治的最高领导境界。

第一节　领导比管理更重要

我们可以将领导看作管理的一部分，把领导当作管理过程中的一种功能、一种活动。持有这种观点的人，大多认为管理重于领导，也就是制度面比人性面更重要。

我们也可以将领导和管理看作独立的两部分，对领导和管理进行比较，甚至认为领导比管理更重要。持有这种观点的人，大多把制度面的管理当作人性面的领导的基础，也就是以制度管理为依据，来实施人性化的领导。

中国式管理既然以人为主，主张因道结合，依理应变，当然是领导重于管理，领导者的风范与魅力，对领导效果的优劣具有决定性影响。历史上有名的楚汉之争充分证明了领导力量的巨大作用。

领导重要，并不表示管理可以不被重视。我们常说"管理不能不制度化，但是制度化的管理不一定就是好的管理"，意思是，完全依赖制度的管理，充其量只能管好制度内的事项，很难顾及制度外的事项。领导要以制度为基础，却抱持"有制度和没有制度一样"的态度，既管好制度内的事项，也管到制度外的事项。天下事有例行就有例外，不能不兼顾并重，以免顾此失彼。制度是让基层员工遵守的，而领导者合理考量，创造"情况特殊，下不为例"的特例，才显得有魅力、有气魄。

这样重视领导，岂不是人治思想在作祟？如果所遇非人，那该怎么办？这一类疑问，只要把人治和法治合起来想，即可化解。中国式管理不是人治，而是人治大于法治，在法治的基础上实施人治。至于所遇非人的顾虑，在现代社会反而不像以往那样难以克服，理由如下。

第一，世袭的人治风险太大，万一继承人智商、德行存在缺陷，实在是组织的大不幸。如今，人们主张传贤不传子，当然如果自己的子女确属贤能之士，传给他们也不至于误事。如此，以往对于人治的恐惧，应该可以消除大半了。

第二，权力容易使人腐化，人治赋予领导者的权力太大，使得领导者很容易变得专横、独裁而因私害公。现代人自我意识增强，不再像以往那样一味忍受不合理的领导。公众的监督力量对于位高权重的领导者而言，自然构成了相当有力的警示。

第三，人治的重点在人，一旦领导者更替，往往伴随不确定的风险，交接不畅，可能导致整个组织不安定。现代知识广泛普及，资讯快速流通，大家对接班人的了解比以往更加清楚，对于交接时可能出现的变数也更加容易预测及事先防范，在一定程度上降低了风险。

中国人重视事在人为，认为所有的事都是人做出来的，而且深切体认制度的缺点在于容易僵化而变得不合时宜。特别是在快速变化的环境中，人治重于法治，往往比法治重于人治更具权宜应变的弹性，不可以因为对人治的畏惧而偏重法治，丧失了事在人为的优势。

中国式管理同样看重制度，不过我们更进一步，知道领导有方，制度的优势才能发挥出来。领导不得要领，制度的优势发挥不出来，反而会产生许多不良后果。

依中国人的观点，领导是发挥安人潜力的历程。我们很早就明白事情是大家合力做出来的道理，知道唯有群策群力，才能够把事情做大、做好。要有效地群策群力，必须有组织，形成集团，而且要选出有能力的领导者来领导这个集团。从历史来看，每当我们有强人领导的时候，大家都衷心盼望领导者不要太强才好；而当我们失去强人领导时，大家却又热切期待早日出现新的强人。这种矛盾心理，反映着中国人一方面不欢迎英雄式的强人，另一方面又十分欢迎集团性的领导者。

什么是集团性的领导者呢？就是"能够发挥集团力量的领导者"，而不是"自己最了不起"的独裁者。

安人的集团性领导，必须具备下述三大特性。

第一，坚守"深藏不露"的原则。领导者当然应具有较高的智慧与判断力，但是必须保持"不会显露得让干部没有面子"的素养，唯有在"不伤害干部自尊"的前提下，才能够"表现自己的能力"。这并不意味着领导者要"什么都不显露"，一副"毫无能力"的样子，深藏不露应该是"把露和不露合在一起想"，该露才露，不该露就不露，才能显露得恰到好处，使干部可以安心地放手表现，却又不敢不充分尊重领导者的最终裁决权。

适当的显露，使干部信服；适当的不露，使干部爱戴。所谓恩威并济，便是深藏不露的具体表现。

第二，以"得人心，做好人"为最高目标。领导者扮演好人的角色，干部扮演坏人的角色，原本就是中国式管理中的良好配合。好人才能得人心，而得人心者昌，能获得大家的拥护。得人心需从做好人开始，领导者自己扮演好人的角色，不得罪人，不伤害别人的感情，不使人没有面子，当然比较容易得人心。然而领导者扮演好人的角色，必须有干部愿意扮演坏人的角色来密切配合，否则干部和领导者争着当好人，结果就是老板逃不脱做坏人的厄运。因此领导者做好人需要有干部自愿配合，不出卖领导者；同时领导者要保护干部，使其不致由于扮演坏人的角色而受到伤害。如此，领导者的好人角色才有办法长期顺利地扮演下去，发挥安人的良好效果。

第三，包容组织内的不同派系。组织是人的结合，而有人就可能产生派系。领导者不但不需要铲除这些派系，相反，应该以宽大的胸怀接纳。只要大家服从领导中心，领导者就不必随意批评或指责任何派系，以免损害公正的形象。用心了解各种派系的势力消长，却不明白地表示出来，口中无派系，心中有派系，以大家长的心态来安抚各方，一切秉持公正合理的态度。善于运用派系力量，也是一种领导艺术。

得人心，产生向心，增强信心，坚定决心。中国式领导，说起来就是一连串心与心的感应，是心的互动。

第二节　通过核心班子好办事

主管对待下属，究竟应该"一视同仁"，还是应该"区别对待"？答案如果要二选一，那就偏离了中庸之道，不合乎中国式管理的要求。新任主管，在不了解下属的情况下，当然应该一视同仁；若是一段时间之后，仍然停留在一视同仁的阶段，岂不表示主管"好人坏人都不会分"？反过来说，新任主管一上任便对下属区别对待，大家就会怀疑他是否公正。这样说来，运用中国人擅长的二合一思考方式，把一视同仁和区别对待合起来，应该比较妥当。

中国式管理的领导，就是"从一视同仁开始，过渡到区别对待"的历程。在一视同仁和区别对待之间，画上一个箭头，不就实现二合一了吗（见图9-1）？

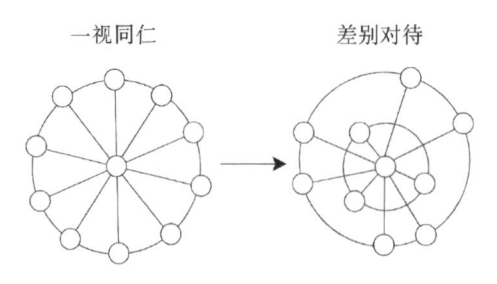

图9-1　二合一的领导方式

新任主管，无论所领导的下属有没有原本熟识的、是不是自己的亲信故旧，务须先采取一视同仁的态度，和每一下属都保持同样的距离。这样做，至少可以收获下述三种好处。

第一，使组织成员感受到主管的公正性。主管对大家既没有成见，也没有偏见，大家当然乐得放心地表现。若是主管刚上任便对一些人特别照顾，其他成员看在眼里，难免质疑主管不公正，也就不愿意竭尽所能，以致士气衰落、生产力降低。

第二，使具有亲戚、朋友、老同事、同学、同乡及同好关系的团队成员提高警惕，让他们认清"亲戚归亲戚，故交归故交，处理公务时，必须秉公办理，不徇私情"的道理，自己约束自己，千万不要凭着关系或交情来干扰公务。新官上任，先立个下马威，让所有人都看清楚这位新官讲求公正，不讲私情。

第三，归零比较容易摆脱旧有的包袱。新任主管，先采取一视同仁的态度，事实上就是一种归零的措施，表示主管更替，一切从头开始，以往种种暂时告一段落，大家不必将原本的关系一成不变地向后延续，而应该把握良机，做出合理的调整，使组织焕发出崭新的生机。

新任主管若是一年半载下来，仍然坚持一视同仁的态度，组织成员就会觉得这位主管不具备办事的能力。因为真正懂得办事的人，一定会依据办事的用心程度与效果，来区分成员的贡献度，并给予不同的礼遇。物质报酬也许受到制度的限制，不便弹性分配，但精神上的礼遇则可以根据各人表现的不同而有所差异。可见领导者的区别对待，不但有必要，而且可以在一定程度上产生激励作用。区别对待分析起来，也有三大好处，兹分别说明如下，以供参考。

第一，成员的绩效考核，固然是调薪、升职的依据，但是名额的限制及薪资的结构存在约束，缺乏弹性运作的空间。如果领导者采取区别对待的态度，对有突出贡献的成员给予特别的礼遇，必能产生激励效果。这种精神方面的差异弹性较大，应用起来十分灵活方便，而且不受制度的限制。

第二，按照工作的表现给予不同的礼遇，才是公正、合理的态度。如此可以促使成员自愿为共同目标而努力，主动发挥最大的潜力，以争取上司的礼遇。否则无论成员怎样努力，主管始终一视同仁，对成员无疑是一种难以忍受的打击，导致众人灰心丧志，只求把工作应付过去，毫无创新、改善的奋斗精神。

第三，从消极的方向来考察，组织成员被划分为大圈圈、小圈圈，似乎是一种不公正的表现。其实，从积极的方向来考察，我们很容易发现，只要出发点是公正的，一切以"公"为衡量标准，建立"公"的班底，这种组织成员划分方式不但具有激励作用，而且对团队凝聚力的提升十分有助益。大家因公（道）而结合，比较容易同心协力。

主管最好口头申明一视同仁，内心则合理区别对待。根据实际贡献，将团队成员分为三层：最内层为核心成员，主管以"我不能没有你"的态度来加以礼待，给予特殊的照顾；中间层为"有也好，没有也好"的一般成员，给予一般的照顾和客气的对待；最外层则为"走了更好"的待提高成员，若是他们依然不知自省、自律，不如另谋出路。主管只要站在公正的立场，依据公共目标来考核成员，不夹杂私心，公正地区分团队成员，相信大家会认同这种作风，此为"合理的不公平"。

最内层的核心成员，通常叫作班底，是十分值得主管信赖、依靠的少数成员。日本人认为"企业由少数人维持"，中国式领导似乎把这句话运用得恰到好处：让少数有心而且用心的人，构成坚强的第一道防线。

有了班底之后，主管还必须进一步善用班底的力量。任何事情，主管都不要擅自决定，先把自己的看法隐藏起来，将问题抛给班底，让他们在互动中找出合理的答案，经主管许可后，再由班底去执行。主管越依赖班底，班底越可靠，这才是良性的互动。

主管信任班底，却也需要征询中间层和最外层成员的意见。这样做，一方面表明一视同仁的态度，另一方面也开启最内层的门，让更多的成员可以通过贡献成为班底的一分子。

第三节　凝聚员工的共识

从某种角度看来，中国人很难凝聚共识，因为中国人普遍重视自主性，喜欢自作主张，甚至擅自做主。我们认为人的尊严，主要表现在"自己可以做主"。这种"人本位"的观点，使我们坚持"人若不能自主，还谈什么尊严"的理念。

脱离了"神本位"的观点而具有"天大、地大、人亦大"的概念，使得中国人自我意识极强，总以为"非我莫属"而"当仁不让"。这种"不认输，不服气"的民族，要凝聚共识，谈何容易！

幸好，我国先哲有鉴于这种看起来不甚好其实并不坏的民族性，指出了凝聚共识的唯一途径，那就是"凡事站在合的立场来分，不要站在分的立场来合"。

西方人重"分"，奉行个人主义，他们根据"少数服从多数"的原则，通过听证会、公听会及投票的方式立法之后，共同遵照实行。

中国人重"合"，在个人主义之外，还强调集体主义。我们从《易经》"阳卦多阴，阴卦多阳"的道理中，体会到"大多数人都是愚昧的，只有少数贤明之士"，因此不能"少数服从多数"。

我们劝合不劝分，并不是否定"分"的存在，而是"能合即合，实在不能合再分"，分合之中有轻重、先后的区别。只有"合中有分"才能够凝聚员工的共识，所以中国人主张"世界大同"，却不寄望于"世界一同"。"大同"之下允许"小异"，才能够在"共同性"之外，尊重并容纳"特殊性"。

凝聚共识，同样需要大同小异，以适应中国人"上有政策，下有对策"的习性，并显示"包容性"。包容性越强，越容易凝聚共识。

我们必须承认，由于中国地域辽阔，种族、语言、文化都十分复杂，以致中国人普遍缺乏"归属感"。从小就耳濡目染"治国、平天下"的中国人，怎么可以用归属感把自己束缚起来呢？自古以来，中国人一方面坚持"不事二主"，另一方面却又面对随时可能"改朝换代"的危机，使我们不得不舍弃"归属感"而重视"依附感"。

中国人的共识，通常以派系为主；然而中国人的特性，是"有派系，却没有固定的派系"。谁也不敢承认自己有派系，更不知道自己在此时此地到底有多少拥护者，因为自己的派系随时可能解体，而所拥有的拥护者也将各自解散，正好印证"水能载舟，亦能覆舟"的道理。

员工的共识，来自依附感而不是归属感。

中国人凝聚共识的第一个要点是，要让员工觉得自己靠得住，不能片面要求员工必须靠得住。

组织学者常说：组织成员认定所属的组织是属于自己的，才会产生认同感。中国人好像不会这样想，我们知道组织永远属于高阶层的少数人，不可能属于自己。高阶层人士心中有我们的存在，我们就依附他、听从他，和他达成共识；高阶层人士心中没有我们，我们便远离他、不听从他，也就不可能和他达成共识。

有人因此批评中国人太势利，过分现实。历来替君王寻借口、找理由的伪君子，大多持有这种论调。如果明白《易经》三才之道的天、人、地配合的原理，便知道员工具有这种"合则留，不合则去"的心态，根本谈不上"道不同，不相为谋"的层次。多数人不属于道义的结合，仅仅是"树大好遮阴""大树底下好乘凉"的过客，能待多久根据所依附的大树有多少福荫而决定。一般员工并不了解什么是"忧患意识"，只希望自己能够安居乐业，这不仅是人之常情，而且可以对高阶层人士构成一定的制衡：你如果好好照顾我，我就听你的，我们自然有共识；否则，我凭什么一定要听你？这十分符合中国人所信奉的"交互主义"。

中国人听到一句话，大多会关心地询问："谁说的？"根据话是谁说的，来判断它正确与否。

这样我们才明白，高阶层人士每隔一段时间便要喊一些口号式的话语，目的在于测试自己究竟还有多少拥护者。口号喊出来之后，看看大家反应如何，能不能凝聚共识，以确认自己在此时此地的声望（也就是凝聚共识的影响力），然后衡量情势，做出一些比较有把握的决定。

表面上看来，中国人喜欢争权夺利，实际上我们真正关心的，是塑造对自己更加有利的形势。大势所趋，权和利都会成为囊中物。高明的中国人，口口声声不为权不谋利，却善于"造势"，因为形势比人强，可以决定一切。

中国人凝聚共识的第二个要点是要善于造势，使大家跑不掉，而不是用法律、规定、契约来约束大家不要乱跑。

"人在屋檐下，不得不低头"，强制规定中国人鞠躬，还不如把屋檐压低，他自然非鞠躬不可。

事实证明，当形势良好时，员工的共识凝聚得如钢铁一般，精诚团结而又万众一心，令人赞叹中国人果然"输人不输阵"。然而，形势不利时，员工的个人意识极强，人人都有不同的意见，随时伺机另起炉灶。

热心参与的人多，说闲话的人少，是形势良好的体现。而袖手旁观或置身事外的人多，各种意见被毫无顾虑地表达出来，是形势不利的警示。

怎样造势才能凝聚员工的共识呢？"一视同仁"式的组织，领导者和各成员保持相同的距离，看起来相当公平，却令人十分纳闷："难道好人、坏人看不出来？""区别对待"式的组织，固然被某些不得意的人讥讽为"大圈圈里有小圈圈，小圈圈里还有黄圈圈"，然而，不同圈圈所造成的形势，正是组织能否凝聚共识的关键。

大小圈圈的划分是否公正合理，是员工对领导者的最大考验。若员工认为公正，依附感就会增强，认为"只要好好表现，总有出头的一天"，因而觉得"这个组织值得依靠"而不想离去。这时候很容易凝聚共识。

最内圈的人，表面上必须对领导者毕恭毕敬，让底下的人看不出什么矛盾，认为"原来他们的看法相当一致"，也只好死心塌地，依附着他们而凝聚共识。

许多人认为中国人善于奉承，而且喜欢用听话的小人，其实不然，这不过是表面的现象，是做给底下的人看、用来安大家的心的。实际上，单独和领导者相处的时候，必须言无不尽，领导者才会放心。这种"阴阳"的运作，使中国人经常人前背后各有一套，一不小心，就会成为表里不一致的小人。

凝聚共识的第三个要点是先与最内圈的亲信建立共识，然后像水波一样一圈一圈向外圈传播出去,这样就能很快凝聚共识。

建立共识的方式主要有下述三种,领导者可以根据自身的条件和意愿选择并加以灵活运用。

第一,圣主型。领导者确有过人之处,说出来的话,最内圈的亲信无不忠诚响应,而且能够十分顺利地传播出去,自然可以采用"小圈密谈"的方式,以"圣主的智慧"来凝聚共识。

第二,贤相型。领导者自认并无过人之处,说出来的话,大家都有不同的意见。这时候可以仿效"三顾茅庐"的典故,选出大家公认的贤人,委托他来建立共识。

第三,互动型。在当今民主时代,最好的方式应该是互动型,通过领导者和最内圈的亲信互动来建立共识,一方面可以集思广益,另一方面可以减少大家对领导者独裁的疑虑。只要领导者和最内圈亲信的意见融洽,所建立的共识很快就会向外传播,获得大家的自动依附。

被动与自动,是中国人能否凝聚共识的关键。历史证明,任何通过强制、高压、利诱手段建立的共识,都难以持久,而且往往伴随着十分明显的阳奉阴违的现象,只要稍有风吹草动,共识便会立刻瓦解,经不起任何考验。相反,若是组织成员发自内心,以自动自发的心态来建立共识,这样的共识往往能够持久不衰。

怎样促使员工自动自发地凝聚共识呢?关键在于"领导者只提出问题,不给答案,让干部去找出合适的答案"。干部也要依样画葫芦,把自己找到的答案隐藏起来,鼓励员工去找答案。

秉持《易经》"由下而上"的精神,每一阶层都切实遵照"上司命题,下属作答"的法则,让每一个人都有参与感、成就感和满足感。

上司"深藏不露",下属"揣摩上意",看起来好像"含含糊糊",却绝对不是"糊里糊涂"。

通过"含含糊糊"的猜测、模拟,寻找出"清清楚楚"的答案,才能自动建立共识。许多人看不懂,一直批评中国人做事不清不楚、浪费时间,殊不知如此这般,才合乎人性的需求。

中国人天性喜欢"自动""自主",设法通过"自动"的过程满足"自主"的尊严所凝聚的共识，自然坚实可靠。

上司"不明言"，下属揣测其意图，是一种历久弥新的职场规则，也是凝聚共识的有效途径。

如果"时代变了，下属不愿意猜测上司的心意，就算上司费尽心思提问，大家也不愿意找答案"，那么，先让大家畅所欲言，等答案符合自己的预期后，再基于大家的意见达成共识，不也是一种民主型的凝聚共识吗？

第四节 防止小人当道

自古以来，身为主管的人，无不以"亲君子，远小人"为座右铭，时刻以此为戒，以求"明哲保身"。无奈小人的拍马屁伎俩委实高超，往往弄得上司防不胜防，受到重重包围还浑然不知。

所谓"上台容易下台难"，固然可以解释为："上台靠机会，只要获得上司的关爱，便可以一步登天，立刻忘记自己到底有多大的能耐；而下台靠艺术，整天交际应酬，迎来送往，没有时间也缺乏兴趣继续充实学识，以致让熙熙攘攘的官场气焰冲昏了头，搞不清楚何时、何地、如何下台。"也可以解读成："上台时头脑还相当清醒，态度仍然十分严谨，尚未为小人所包围，所以一下就登上台去，显得相当轻松、容易；但是下台时已经习惯于小人的细心照料，匆促间发现小人忽然有如猢狲般散去，留下自己一个人，连下台的台阶都摸不着，岂非十分困难？"

遍查所有正史、野史、传记、自述，从来找不出一个"主动亲近小人，喜欢重用小人"的人物。上司都深谙洁身自爱的道理，然而不幸的是，许多人为小人所迷惑，不知不觉陷入"残害忠良、伤害君子，而自己也为小人所害"的悲惨境地。

中国历史治少乱多，主要原因便是在此。

没有哪个上司愿意亲近小人，也没有哪个下属立志成为小人，然而为什么历史上不断出现"小人当道"的局面？其关键原因，即在一般人所深恶痛绝的"马屁文化"。其中"说好听话"和"阿谀奉承"的界限，往往模糊不清。

试举一例：凡是能够腾出部分时间为上司分忧分劳的下属，必然会获得更多的升迁机会。

请问：为上司分忧分劳，算不算拍马屁？

自己分内的工作做得乱七八糟，却经常跑到上司左右问"有什么事情要我帮忙"，当然是拍马屁。

自己分内的工作做得很好，还有多余的时间和精力为上司分忧分劳，谁敢说他拍马屁！相信大部分同事都会认为他确实有能力，若有机会升迁，非他莫属。

问题就出在现代人越来越搞不清楚这种判断标准上。当上司的，看见下属热心分忧分劳，不管他本身工作有没有办妥，都认定他是好下属；做下属的，不管自己分内工作有没有做好，都厚着脸皮要为上司分忧分劳。结果上司陷入"小人有机可乘"的境地，而下属则"不知不觉成为小人"。原本不想接近小人的，被小人包围；而一向不想当小人的，竟也成了小人。

更加可怕的是，看到那些经常跟在上司左右，不管上班、下班都为上司跑腿的人一个个都晋升了，这时候不检讨自己，不深入寻找真正的原因，却轻易地认定"凡善于拍马屁的，必然快速升迁"，将一切责任归咎于"马屁文化"的自欺欺人的做法，是中国人一方面深恶痛绝，另一方面却也难以摆脱的。

再看一例：在上司面前说一些恭维话，上司乐于接受，彼此更加亲近，有机会就会优先提拔。

请问：恭维上司，算不算拍马屁？

同样一句话，当然应该说得好听一些。说恭维话如果是为了工作的顺利完成，不算拍马屁；若是为了私利，或者是为了和上司建立更为亲密的关系以便为非作歹，那不是拍马屁又是什么？

说恭维话，上司才听得进去；下属尝到甜头之后，通过说恭维话来隐瞒事实，求取私利，或为非作歹，便是存心不良的马屁精。

上司听惯了恭维话以后，往往会对比较直白的话产生排斥或厌恶，这无疑为马屁精提供了更多通过说恭维话来获得私利的渠道。于是本来不想当马屁精的人，不知不觉也成了马屁精。

当主管并不是简单的事，好不容易获得这种难得的机会，当然要好好表现一下。每一位主管在上任的时候，无不下定决心把工作做好，并且对喜欢拍马屁的人保持高度警惕。因为真正有能力的人，用不着如此卑躬屈膝，忠言本就逆耳，为什么老是说恭维话？

可见，能够担任主管的人，都已十分清楚这些基本的道理，并且对自己都颇具信心。可惜往往不久之后，便陷入了马屁精的迷阵中，却浑然不觉。

请看许多干部的心声："我们主管样样好，只不过常常将好人看成坏人，却将坏人看成好人。"

古代马屁精猖狂，想尽办法接近皇帝。没有人敢对皇帝直言应该怎样防范马屁精，只好设计出以下三样东西，让皇帝自己去体会防范之道。

第一样，帽子。让皇帝戴一顶高高重重的帽子，提醒他责任比别人重，不可掉以轻心，否则帽子会掉下来。

第二样，珠串。眼睛前面垂下一排珠串，提醒皇帝他只有两只眼睛，已经被珠串遮掩得不可能完全看清事实，更应该防止被他人进一步蒙蔽。

第三样，护耳。双耳各有一面护耳，提醒皇帝只有两只耳朵，无法听尽所有的事实，何况双耳已有遮蔽之物，更不容许其他任何形式的掩盖。

设计这三样东西的人，深知马屁精的一贯策略，即"先蒙蔽上司的眼睛，用自己的眼睛来取代上司的眼睛"，然后"掩盖上司的耳朵，以自己的耳朵来代替上司的耳朵"，再"伺机砍断上司的左右手，用谣言、恶意中伤把上司所信任、依赖的亲信拉下马"，最后"让上司把重要的责任交给自己，使自己如愿以偿地为上司分忧分劳"。

鉴于以上道理，上司若想防止马屁精当道，不妨采取下述三大策略。

第一，不要标榜自己大公无私，反而应该以此为标准来考验自己的下属。自认为大公无私的上司，事实上最容易为马屁精所控制。马屁精只要在上司面前做一些表面功夫，说一些冠冕堂皇的话，便可以轻而易举地获得上司的信任。

更明智的做法是，上司不显露个人立场，因人、因时给下属一些考验，如故意让下属去做不合规的事，看他如何应对；或虚构某些好处，让下属去夺取，看他是否动心。

下属未经考验，看起来都大公无私；一旦经受考验，一些人便会原形毕露。经得起考验的下属，才能委以重任。

第二，即便下属已经通过考验，面对外界的诱惑，其品性也可能发生变化。上司必须时刻注意下属行为的"差异性"，遇有任何风吹草动，都应立刻引起警觉。

不信任下属，下属不敢动歪念头，即便有歪念头也难以对自己产生影响。信任下属，就算下属自己不敢动歪念头，也会一再有人打他主意，因此不得不预先防范。

上司必须密切关注下属行为的"差异性"，对任何变化都保持警觉，如此，下属即使有意或无意变成马屁精，也毫无作恶的机会。

第三，上司必须时刻保持谦虚的态度，秉持"多听一些不同的意见，多一些参考"的心态，在"不受中伤，也不护短"的环境中，确保下属的安全。下属是否变成了马屁精，上司往往不是第一个洞悉的，有时周围的人都已经知晓，只有上司一人还被蒙在鼓里。

对于他人的评价，不可不信也不可尽信。上司时刻保持警觉，将关注点从"下属是不是马屁精"转向"防止下属变成马屁精"，才能够"既保护自己不被马屁精包围，也保护下属不致变成马屁精"。

第五节　用情、理、法来领导最为合理

由情入理的领导，必须配合情理走不通时的依法处理，才算周全。合起来说，其实就是用情、理、法来领导。

一般人习惯把情、理、法分开来看，并进行比较，探究哪一项比较重要，由此产生了很多误解。

情、理、法是一个完整系统，不容许分割，也不应该分开来看。

法居于情、理、法的末端，是情、理的基础。离开法就没有什么情、理可言，没有法就不可能由情入理。做人必须规规矩矩，做事应该实实在在，这些都在提醒我们：法十分重要，不能够轻视。

依照情、理、法系统，管理必须制度化，也是这个道理。有了制度，才能够有所依据地衡情论理。

情居于情、理、法的开端，表示领导应从情入手，充分顾虑对方的面子。通过情感层面的沟通，双方形成良好的交流，自然易于达成共识。

法是用来执行的，不是用来挂在嘴边说的，因为谈法伤感情，一旦感情受到伤害，沟通起来会更加困难。所以把情放在前面，作为领导者与被领导者沟通的桥梁。

理居于情、理、法的中间，依据《易经》揭示的"居中为吉"的规律，它是情、理、法系统的关键所在。情是用来讲理的，才称为由情入理；而法也是用来讲理的，才合乎合理合法的精神。

中国人很少单独说合情，通常把情和理拉在一起，称为合情合理。可见有面子就更应该讲理，否则会成为大家厌恶的"死要面子"的人。

中国人也很少单独说合法，通常把理和法拉在一起，称为合理合法。因为我们

只接受合理的法，不接受不合理的法，虽然对法的要求高一些，却也相当合理。

对被领导者来说，最好做到下述三点。

第一，上司给我们面子，我们应该赶快自我反省，自我约束，做出符合上司期望的合理反应。反应合理的人，往往会获得上司的赏识，双方持续由情入理，使工作得以顺利推进。使大家都有面子，是情、理、法系统以情为先的主旨。

第二，上司不给我们面子，我们最好不要立刻做出让上司难堪的反应。这时我们最好先冷静看看上司的处境，是否有什么难以启齿的苦衷或特殊考量。下属冷静，不在情绪上做出不良反应，也是给上司面子的一种表现，上司也会自动做出合理的调整，就算刚开始有一些失控，也会很快平静下来，这样的处理方式对双方都有好处。

第三，上司不给我们面子，我们不在情绪上做出不良反应，上司仍然不给我们面子，上司的这种反应，往往不是针对眼前这一件事，而是多次不满累积后的爆发。这时我们更应该冷静，想办法化解上司的心结，不能够赌气、闹情绪，用"反正已经这样，何必有所顾虑"当借口。

对领导者来说，最好做到下述三点。

第一，不可以轻视下属，认为自己职级更高，不必客气。上司一定要尊重下属，顾虑下属的面子，由情入理，使下属心悦诚服。

第二，将稳定下属的情绪列为行事的首要任务。下属情绪稳定时，通常会比较理智地处理事务；而情绪波动较大时，则往往会以情绪化的方式做出反应。领导者应该以自己的稳定情绪来稳定下属的情绪，凡事保持耐心，避免急躁，以免导致团队的情绪大幅波动。

第三，即便给下属面子，下属也不一定就能讲理，因为人不是完全理性的，有时难免进入不清醒的状态。上司必须耐心地反复提示，帮助下属恢复清醒状态。法永远是最后的手段，是情与理都无法奏效时才不得已而动用的，不宜频繁使用。

上司和下属都对情、理、法有一定的了解，也都有意遵循"先由情入理，不得已才依法处理"的程序，并注意以上所述的要点，相信很快就能形成彼此配合、良好互动的局面。

处理事务的时候，最好先查明法的依据。然而，这种法治精神，最好不要直接表现在"依法行事"上面，否则会令人觉得上司缺乏人情味。

查明法的依据后，最好把它放在心里，处理事务的时候，不要直接把法说出来，否则事事都完全依法办理，而忽略情和理的考量，久而久之，办事的品质必然降低。

上司把事情变成问题和下属商量，下属主动提供答案，才显得下属有面子。上司事事发号施令，下属依照指示办事，完全处于被动，当然没有面子。

当然，情、理、法的系统，并不完全反对发号施令，只是发号施令应被运用在紧急时刻，而不是平常时刻。因为只有减少指令的发布，才能确保在紧急时刻发出指令，大家能意识到其紧迫性。

情理法 VS 法理情

大家应该听过这样的言论："做任何事情，我们都认为要兼顾情理法，中国人一向比较注重人情，所以把情放在前面。但是，在现代化的法治社会，一切依法办理，所以必须将其修正为法理情。"

发表这种言论的人，大概不明白情理法的真义，才会出现这样的误解。因为理居其中，表示最为重要。情理法和法理情，实际上并没有多大的差异。我们最好将两者合起来想：凡事动手之前，先想合不合法；若是合法，再在法许可的范围内衡情论理。但是，寻找到合理的解决方案之后，要付诸实践时，应该依照情理法的架构来运作，以求和谐、顺利和圆满，达到圆通的境界。

第六节 最高境界在于促使下属自动自发

由于情、理、法对中国人来说已经十分熟悉，以致常常用而不知，反而不明白它真正的妙处。

人都喜欢自动自发，只是不敢、不能或不愿自动，明显地发号施令，对方有被动的感觉，当然不能自动。不做任何表示，静待对方自动，对方又不敢、不能或不愿自动。

在这种情况下，我们最好结合情、理、法的架构，小心运作，对方自然就会自动自发，十分奇妙。

中国人重视"情性"，习惯于"根据心里好过不好过来进行判断"，因此孔子倡导"情治"，主张"用情来感化"。

情相当于面子，特别适合爱面子的中国人。

中国人普遍不喜欢被管。主管一开口说话，往往就会引起下属的反感，觉得主管管太多了。为什么连这个也要管？下属有这样的感觉时，不但不肯接受主管的意见，甚至可能恼羞成怒，表现得相当不讲理。

为了避免引起下属的反感，我们讲求由情入理，而不是直接讲理，要把风险降到最低。

情就是面子。给下属面子，当然不会引起下属的反感。面子给足了，让下属的情绪稳定下来，这时候再来讲理，比较不容易引起他们的情绪反弹。

譬如下属迟到，主管明明看见了，也应该装作没看见。装作没看见，并不是打马虎眼，也不是不追究、不纠正。看见下属迟到，不理会不行，放任下属迟到，当然是主管的失职，上级怪罪下来，自己如何承担？理会也不行，迟到的下属情绪不稳定，马上加以指责，反而收不到预期的效果。

再说，迟到的下属有时会给出十分正当的理由，令主管觉得不问缘由立即加以指责不仅草率，而且显得缺乏人情味。

装作看不见，其实是一种礼貌：给下属面子，让他主动过来说明原因，然后给予合理的处置。允许迟到的下属先把紧要的事情办妥，再来说明迟到的原因。

下属主动向主管说明情况，主管有机会了解原委，加上这时候下属的情绪比较平稳，有助于主管给出合理的判断和处置。

若是下属隔了一段时间仍没有向主管说明情况，主管就应该主动去找他，以免其养成不良风气。

中国人的特性，是十分讲理。只要情绪平稳，有面子，大家基本上都相当讲理；但是情绪不稳定、没有面子的时候，很容易恼羞成怒，甚至蛮不讲理。

由情入理，就是先给他面子，稳定他的情绪，是让下属自己讲理的有效途径。聪明的下属应该能明白主管的用意，当主管极力维护下属面子的时候，下属要赶快恢复理智，自动讲理，这样彼此都愉快，而且事情也可以获得妥善解决。

主管有新的任务要交给下属去办，也不应该不给下属面子，用命令的方式，使得下属很不愉快。即使下属不当面推辞，也会敷衍了事。主管最好采用商量的方式，问下属交给什么人办比较妥当。下属如果觉得自己是合适的人选，大多会当仁不让，自告奋勇，由于有面子，他们会更加乐意且尽心尽力地把事办好。若是下属推荐其他人选，主管应平心静气，听听下属的理由，只要下属推荐得合理，主管就应该欣然接受，这才是真正的商量，而不是单方面指定。

通常主管越尊重下属，给下属越多面子，下属基于互相互相、彼此彼此的交互原则，也会反过来更加尊重主管，双方皆大欢喜，合乎人性化管理的要求。

由情入理，先给面子再讲理，这种处事方式，最好由主管做起，形成风气，大家才会安心地遵循。

为什么要由主管做起呢？答案十分明显：若是下属先行表示，处处给主管面子，难免引起拍马屁的猜疑。中国人大多数不愿意当马屁精，因此不喜欢先对主管有所表示。

主管先给下属面子，没有人会说这是拍马屁。随后，下属相应地给主管面子，大家会认为这是礼尚往来，而不是拍马屁。如此，下属才会放心地给主管面子。

有些主管喜欢耍威风、摆架子，往往会招来一批心怀不轨的小人。小人看准主管的这种作风，充分迎合，把主管层层包围，主管却经常浑然不知。我们推崇由情入理的领导方式，也是为了帮助主管远离小人。

我们采取由情入理的领导方式，并不表示不重视法律制度，我们只是认为，人生最重要的，是当下；当下最重要的，是生活；而生活最可靠的，是人情。

当下的事情若是不能解决，过去的荣耀和未来的希望几乎都将失去意义。

人活着，主要就是过生活。生活过不好，其他事情有什么用？我们现在为了事业、名誉等，弄得自己不能好好生活，实在是本末颠倒的做法，很不值得。

生活好不好的标准是什么？如果只以物质来衡量，那无疑是永无止境的追求。近年来，我们的物质生活水平不断提升，但是大家仍然抱怨生活过得并不好，可见生活过得好不好，精神方面的满足不能忽视。因此，人情成为生活中十分重要的因素。人若无情，何以为人？

"情"字由"心"和"青"组成。我们从"请"表示言之美者、"倩"表示人之美者、"晴"表示日之美者，可以推知"情"就是心之美者，也就是有良心的意思。

有良心的人，充满了人情，生活总是好的。物质生活再穷困，遭遇的情况再艰辛，只要有良心，便能心安理得，享受生活的乐趣。所谓苦中作乐，并不难实现。

人为了生活，不得不谋事就职。一天之中，在职场的时间往往超过1/3。除去睡眠、休息和处理家务杂事，我们可以说一生之中，大部分时间都在职场中度过。若是职场中无情，缺乏人情味，就算功成名就，从做人的角度来衡量，终究得不偿失。为了工作失去这么多，合算吗？当然不合算。

你心中有我，我心中有你，便是人间至情。上司与下属之间，若是心中有彼此的存在，那就是有情职场。

良心看不见，但是面子很容易感觉出来。中国人特别爱面子，也可以解释为是重视良心的表现。

中国人有面子的时候，大多凭良心做事，所以表现得相当合理。这是我们实施由情入理领导的良好基础。

但是，人毕竟不是圣贤，难免有糊涂、不清醒的时候，有面子却不知道自律，做出不合理的反应。这时候我们设身处地，很容易发现自己其实也常常如此。

下属迟到，主管装作没看见，是一种有情的表示，不愿意让下属难堪，充分给他面子。下属如果领情，就应该主动向主管说明。如果下属没有这样做，主管最好先用旁敲侧击的方式，暗示下属应该给出合理的解释，这也是人情的一部分。相信下属听懂之后，必然能够欣然接受，逐渐领悟到由情入理的要领，并心悦诚服地合理因应。

如果下属仍然不领情，不理解主管的用意，这时候情理已经走不通，主管当然应该把法搬出来，按照规定来处置。

主管有新的任务要交给下属处理，不管主管如何由情入理，下属总是百般推辞，坚决不接受，此时主管再依法要求下属必须如期处理，相信大家也会支持主管这种强硬的态度，而不致认为其专横不讲理。

由情入理，如果不能配合依法办理，很可能成为是非不分。主管必须在情理之路走不通的时候，翻脸无情而依法办理。

翻脸无情有其先决条件，不能翻脸像翻书一样，太轻易、太草率、太鲁莽。

我们常说仁至义尽，便是翻脸无情的先决条件。若已做到仁至义尽，没有人会觉得翻脸无情太过分。但是，若尚未做到仁至义尽，便翻脸无情，大家会觉得主管毫无亲和力，对他敬而远之。

一点再点，点不醒还要好好开导下属，对主管而言，当然是仁至义尽。这时候如果下属仍然执迷不悟，便不能怪主管翻脸无情。旁观的人，不但不会觉得主管无情，反而会认为下属不值得同情。身为下属，最好明白由情入理的运作方式，力求合理因应，以免落入大家都不同情的惨境，彼时再悔悟已经太迟，误人害己。

先由情入理，再依法办理，称为先礼后兵，也是以柔克刚的做法。但是礼要有节，柔也要有刚来支撑，才能产生良好的效果。因此，依法办理也是有其必要性的。

第十章 合理的激励方式

自我激励在所有激励当中，是最具效力、最好把握的一种。

忠诚可靠对个人而言，是一种"信用度"，必须依靠自己的行为表现，一点一滴累积起来。

把忠诚可靠而又具有能力的人组合起来，还需要进一步用安、和、乐、利来激励大家，由利而乐，进而提升到和与安的层次。

管理既然是修己安人的历程，修己的目的又是在职场活动中，依修、齐、治、平的一贯大道不断提升自我，那么安人的行为，也应该激励成员与组织同步成长，同样持续提升每一成员的修养层次，才能长久维持己安人也安的良好状态。

中国式管理，从计划开始，经过执行，到结果的检讨与整体的考核，处处充满激励。

把激励和计划、执行、考核合在一起，和沟通、领导同时进行，不但合乎中国人合大于分的原则，而且省时省力，兼顾并重，更加符合管理的要领。

中国人有很多看起来十分奇特，深思起来又非常有道理的行为，大多有激励的作用。必须先弄清楚这些行为的真正用意，并且合理运用，才能产生良好的效果。

合理的不公平，其实是具有激励作用的一种措施，使中国人不肯认输而力求上进，持续提升自我，以求获得更好的待遇。

第一节　随时随地都应该激励

对中国人来说，竞争力的源头，即在"我愿意"。凡是自己愿意做的，大多不辞辛苦，不计得失，不畏艰难，更不可能不用心，在这种情况下，简直无所不能，竞争力之高，恐怕很难找到对手。凡是自己不愿意做的，总是一副心不甘情不愿的样子，推三阻四，斤斤计较，根本不可能用心，哪里有什么竞争力？

全世界各地的人都会经历情绪变化，但是相比之下，中国人的情绪波动幅度比较大，如果不能时时注意，处处加以激励，很容易使其陷入情绪低谷而什么都不想做，影响到修己安人的管理效果。

心理学家认为，人类每种行为都有其原因及过程。主管想要激励员工，必须了解员工的需求。这话并没有错，可惜没有进一步指出：西方人的需求比较固定，比较容易满足；中国人的需求非但变化很快，而且十分不容易满足。自古以来，我们便立下极为远大的目标，必须日新又新、精益求精，以求止于至善，当然不可能轻易满足。何况满招损更是大家耳熟能详的道理，人人不敢自满，以致激励所获得的效果往往是"不满意，但能够接受"。

刚刚获得激励时，中国人大多能够心怀感恩，口口声声承蒙厚爱，并将主管的培养之恩铭记于心。不久之后，竟然由于看不到上司关爱的眼神而觉得自己已经被遗忘，因而辗转难眠。

中国人为什么会这样？说起来和我们的激励方式具有非常密切的关系。表面上看起来，中国人十分势利，人情的冷暖、世态的炎凉，令人触目惊心，以致人人不敢大意。反过来说，正是因为中国人随时可能翻脸不认人，随时可能给人脸色看，这才使得中国人怀疑心极重且警觉性极强。对于自律、自反、自主的人来说，未尝不是另一种形式的激励，我们称之为自我激励。

自我激励在所有激励当中，是最具效力、最好把握的一种。特别是现代社会一切讲求DIY（Do It Yourself），自我激励更是合乎时代要求的最佳激励方式。毕竟寄望他人激励自己，还不如自己激励自己来得简便而有效。

曾子所说的"吾日三省吾身"，不仅可以当作自律的习惯，实际上也是十分有效的自我激励方法。每天再忙碌，也要给自己留出一段时间，冷静地想一想：今天计议事情，有没有尽心尽力？对朋友、同事、家人，有没有不诚信的地方？所学习到的东西，有没有把它变成习惯，以便熟练地应用？做得好的地方，给自己一些掌声，自我激励一番，振奋自己的斗志，增强自己的信心；做得不够理想的地方，认真检讨自己为什么会这样做。

个人应当如此，组织也应该这样。主管最好利用下班之前的一小段时间，和同事喝喝茶、聊聊天，反思一下大家今天的工作表现，有哪些值得称赞的，以茶代酒，向同事的协助表示感谢，此举无疑有助于提升团队士气，促进成员之间的紧密团结。若遇到不如意之事，也应趁机检讨改进，互相劝勉，彼此鼓励，然后互道再见，期待明天更有一番新的气象。

除了自我激励，他人的激励同样不可或缺。在这方面，中国人所采取的方式可以说极为方便有效，那就是上司通过脸色变化，不必耗费任何金钱或物质，便能够达到激励的目的。

上司脸色不好看，下属就会自动调整。一些人批评这种作风太过官僚化，已经不合时宜，为什么不想一想：为何有些人脸色再不好看，也不会产生任何作用？可见用脸色的变化来暗示下属，促使下属自我反省，并及时做出合理的改变，恐怕也不是任何人都做得到的。这种不明言的激励，随时随地都可以使用，而且不会惊动不相关的人，岂不简便、安全而又有效？

用暗示代替明示，实际上是一种尊重、一种包容，对双方都有好处，一切尽在不言中，若非具有一定程度的默契，实在不容易做到。

情绪随时会有起伏，为求持续保持"我愿意"的高竞争力，需要随时随地采取有效的激励措施。求人不如求己，所以自我激励最有效。但是缺乏自我激励能力的人很多，因此通过脸色暗示来进行无声的激励，以顾全大家的面子，就成了常用的激励方式。

脸色的暗示，一定不能明言，否则就会失去效用。上司脸色不好看，下属若是直接询问"是不是对现况不满意"，上司往往会矢口否认，推说"牙齿痛"或"身体不舒服"，而脸色则继续保持不好看的样子。若下属仍然不能领悟，上司可以通过亲信告诉下属赶快调整，不要在"是或不是"上面浪费时间。

不明言彼此都有面子，以后相处会更加融洽。一旦明言，双方心中就可能留下芥蒂，到了紧要时刻，很可能产生逆反的念头，带来不可预知的严重后果。

随时随地自我激励，加上随时随地彼此不明言的互相激励，可以有效维持大家的情绪稳定，对提升生产力和竞争力甚有助益。

第二节　先求忠诚再求能力

中国式激励无处不在，且形式多样，其核心理念在于发现忠诚可靠的人，以便多加关心和照顾，建立可以依赖的班底。

如果我们询问主管："用人标准是什么？"通常得到的答案都是："没有什么，肯干就好。"乍听之下，好像中国主管用人，首要考虑的是下属是否肯干，实则完全不是如此。

肯干实际上蕴含了能干的意味。一个不能干的人，越肯干大家就越倒霉，因为他可能越帮越忙，导致许多人要替他收拾残局，从而浪费许多人力资源，耽误许多时间。

中国人最害怕不能干的人还要充能干，常常寄望大家"称称自己的斤两"，不要"光占位置不做事"。遇到这样的人，我们往往盼望他少做一些，少管一些，以免制造更多的困扰。

可见中国式管理和西方式管理一样，都重视"能力"，只不过中国式管理不主张"能力本位"而已。

进一步请教主管："用人的标准是肯干，那么忠诚可靠又如何？"答案充分体现了中国人"不明言"的沟通精神："那还用说吗？"

中国人往往将最要紧的放在心中，叫作"心中有数"，嘴上只说一些不重要的甚至没有用的话。不用说的"忠诚"，远比说出来的"肯干"重要得多。不了解中国人的人，如何能够通过"访问""问卷"等方式，来调查、分析、说明中国人的真正想法呢？

儒家最讲究的，便是一个"诚"字。下属的动机和信仰，对主管而言，当然比他的行动更加重要。中国主管不敢轻易信任下属，却又非信任不可，因此多半以"将信将疑"的态度来考验下属,若下属经得起考验,才信任他。而考验的重点,放在"动机是否纯正"和"信仰是否坚定"上,两者缺一的下属,大多经不起主管的考验,不能责怪主管不信任他。

诚与不诚,从忠不忠来考察,似乎最为方便。于是"忠诚"二字成为可靠的先决条件。主管根据下属的忠诚程度,可以预先测试出他可靠与否,这好像是一条简易有效的途径。西方人讲忠诚,是对"事"而言;中国人讲忠诚,则对"人"远多于对"事"。一个人敢公开声明"不对任何人忠诚,只对工作忠诚",等于公开宣布随时可以因为工作需要而背叛所有人。

忠诚和能干的组合,可以分为四种:"既忠诚又能干""只忠诚不能干""不忠诚却能干""不忠诚不能干"(见图10-1)。

因为"忠诚"属"德"而"能干"为"才",所以我们将其简称为"有德有才""有德无才""无德有才""无德无才"。中国式管理,以"有德有才"为一等员工,以"有德无才"为二等员工,以"无德无才"为三等员工,而以"无德有才"为四等员工(见图10-2)。基于"德本才末"的准则,有德(忠诚可靠)者列为一、二等,无德(不忠诚、不可靠)者列为三、四等。同样有德,当然重用有才(能干肯干)的人,若是一样无德,那就选用无才(不能干、不肯干)的人,比较不容易惹事、闯祸,更令人放心。

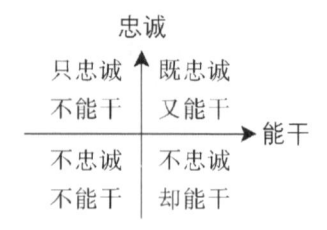

图10-1 忠诚、能干的四种组合

一等员工:有德有才

二等员工:有德无才

三等员工:无德无才

四等员工:无德有才

图10-2 四种不同等级的员工

中国社会,常见无才的人居高位、担重责。仔细分辨,其中有有德的人,也有无德的人。有德无才的人,因其忠诚可靠,虽然没有能力,但找一些能干的下属,可以弥补这一不足。无德的人,因其不能干又不肯干,想做坏事也做不出来,所以不用太过担心。

有能力的人,经常受到各种打压,主要是因为上级对其很不放心,每过一段时间，都会叫人试探一下，看看他安不安分、有没有不良的企图。在中国社会，有些有能力的人很难出人头地，便是因为缺乏"潜龙勿用"的素养，在没有弄清楚周围的环境时，便轻举妄动，贸然把自己的能力表现出来，一旦引起他人的疑惧，就很难摆脱"非主流"的标签，最终可能被逼上梁山，与主流为敌。

中国人一向主张初出茅庐的年轻人最好"多看、多听、少开口"，便是希望有能力的人不要过分相信书本上的理论，以为真的"书中自有黄金屋"，忽略了社会的特殊性，以致"言出祸从"。

孔子说："人不知而不愠，不亦君子乎？"即是针对"喜欢出名，不想做平凡的人；有一点能力，马上想表现出来"的人性弱点，劝导年轻人不要随便露出锋芒，以免不小心得罪他人，从而遭遇重重阻碍，就算怨天尤人，也是枉然！

有能力的人，必须"君子藏器于身，待时而动"。有能力不能轻易表现，要等到合适的时机才可以动。先让上级觉得自己忠诚可靠，再表现自己的能力，自然青云直上，仕途顺畅。

说到这里，有人会产生误解，以为表现能力之前，必须善于逢迎、讨好上级，而不知这些行为正是不忠诚、不可靠的标志，千万不要因为这种错误的见解而耽误了自己的大好前程，以免徒留悔恨。

忠诚可靠的坚实基础，在"不完全听从上级的指示"。"不完全听从"的意思，并不是"完全不听从"。存心不听从上级的指令，当然不忠诚也不可靠。"不完全听从"的主旨，在"不要以听从为主要的态度"，以致应该听从的和不应该听从的都不加辨别地盲目听从。

忠诚可靠对个人而言，是一种信用度，必须依靠自己的行为表现，一点一滴累积起来。"不完全听从"是适当地坚持自己与上级不同的意见，从合理坚持中建立自己的信用度。完全听从根本不负责任，当然不可靠；盲目坚持易流于刚愎自用，属于不忠诚，所以"不完全听从"最为合理。

第三节　逐渐提升安、和、乐、利的层次

把忠诚可靠而又有能力的人组合起来，还需要进一步用安、和、乐、利来激励大家，由利而乐，进而提升到和与安的层次。

人生最高目标在于求得安宁，而管理的最高目标也在于安人，足以说明安、和、乐、利的层次是以利为基础，而把安放在最上层。

《论语·里仁篇》中有一句话："君子喻于义，小人喻于利。"意思是修养良好的人，乐于追求义理；而修养较差的人，乐于追求利益。然而后世儒者将这句话二分化，形成"义利之辨"，好像管理只能讲义，不可言利，以至于管理者也跟着口是心非，说什么不重利益。

不错，孔子认为一个人如果一味追求利益，必然会招致许多怨恨（放于利而行，多怨）。但他也不讳言，顺应民众的期望而给予利益，是一种美德（因民之所利而利之，斯不亦惠而不费乎）。

可见孔子所反对的，只是"不合义的利"；对于"合义的利"，他不但不反对，反而十分认可。前者的典型例证是"不义而富且贵，于我如浮云"，后者则如他所述的"富而可求也，虽执鞭之士，吾亦为之"。

中国式管理，不必不敢言利，也不必完全排斥功利主义。只要不是"暴利""邪利"这种不合于义的利益，而是合乎义理的"合理利益"与"正当利益"，当然可以公开表明、全力追求而问心无愧。

"合义的利"说起来相当抽象，不够具体，也不容易理解。我们常说的"安和乐利"，却相当清楚明白，把合义的利描绘得十分具体而易于查验、考核。

管理所追求的利益，根据其层次高低，可以分为小利与大利；基于价值判断，可以分为邪利与正利；从时间维度，可以分为近利与远利；而根据收益性质，也可

以分为暴利与当利——应当获得的合理利益（见图10-3）。目标光明正大的组织，自应以大利、正利、远利与当利为规范，不应因贪图小利而损害大利，因追求邪利而作奸犯科，因顾及眼前的近利而牺牲远利，因有机可乘而牟取暴利。

小利	邪利	近利	暴利
大利	正利	远利	当利

图10-3　利益的种类

在追求大利、正利、远利与当利的时候，必须预先明白，获得这些利益可能会带来快乐，也可能会带来不快乐。"乐不乐"是确定所要追求的利益之后，应该思考的第二层次（见图10-4）。

能够带给大家快乐的利，当然可取；不能带给大家快乐的利，则不可取。然而，问题在于"大家"这一概念的界定有广有狭，往往会出现少数人快乐而多数人不快乐的情况，对于这少数人而言，依然实现了"大家"快乐，因为他们心中已经忽略了多数人的存在。

为了避免这种独乐、寡乐，必须再度提升思考的层次，思考"和"的问题。"和不和"是衡量独乐、寡乐和众乐的最佳指标，因为独乐和寡乐终将引起不和，唯有众乐才能和谐。当然众乐并不代表"齐头式的假平等"，而是无可否认地追求"立足点的平等"，以免产生"不患寡而患不均"（这个均字也是指真平等）的怨叹与怀恨，使大家不能和谐（见图10-5）。

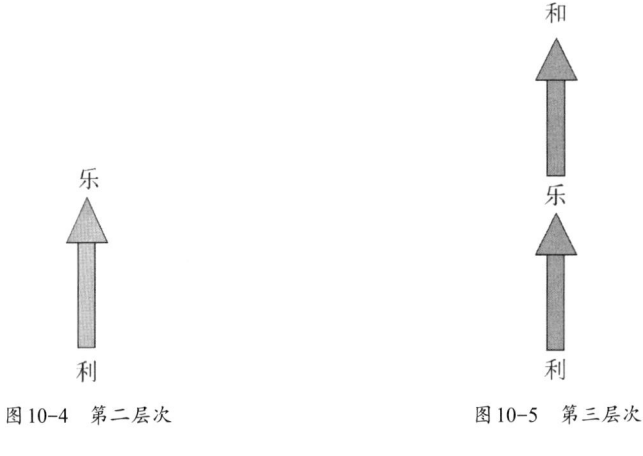

图10-4　第二层次

图10-5　第三层次

和谐很容易陷入和稀泥的误区——大家多少分到一些好处，看起来都很快乐，这究竟是真的和谐，还是变相的和稀泥？想解决这一问题，必须将思维提升到第四层次，用"安"来加以评估。能安的和，才是真的和谐；不安的和，就是可怕的和稀泥，把大家麻痹得因循苟且、不求上进，当然会产生不安的后果（见图10-6）。

任何利益，只要一层一层向上审视：能否带来快乐？能否达到和谐？能否实现安宁？如果答案都是肯定的，自然合乎义理而可取；若答案之中有否定的，最好赶快深入探究问题出在哪里，及时调整和补救，才合乎"修己安人"的要求，达成"安人"的最终目标。

资本主义和民生主义最大的不同，即在于前者的思考层次不及后者那样高远。我们以"利"代表经济层次，企业追求利润，不过是完成了经济责任。以"乐"代表社会层次，企业善尽社会责任，在赚取利润之外，尚能使社会大众乐于购买其产品或服务；重视消费者的权益，不至于产生社会问题。以"和"代表政治层次，企业无论是面对同业还是异业，都能够和气生财，不恶性竞争或垄断市场，也不到处惹是生非，不引起环境问题，便是善尽政治责任。资本主义的思考层面，到此为止，不再向上提升；民生主义则在利、乐、和的基础上，继续向上提升，达到安的境界。我们以"安"代表文化层次，企业一方面对内求安，使员工在安居乐业之际，同等重视安定与进步，不以进步而妨害安宁，也不因安定而逐渐腐化，导致不安；另一方面对外求安，由己安推及众安。内外俱能安宁，才是善尽文化责任（见图10-7）。

中国人主张"修身、齐家、治国、平天下"，不但不对外国施行军事侵略、外交侵略、经济侵略或政治侵略，而且要以"四海之内皆兄弟也"的胸襟，来

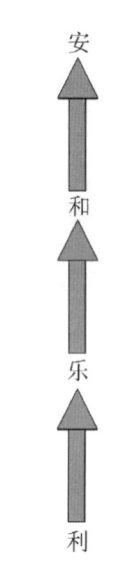

图10-6　第四层次

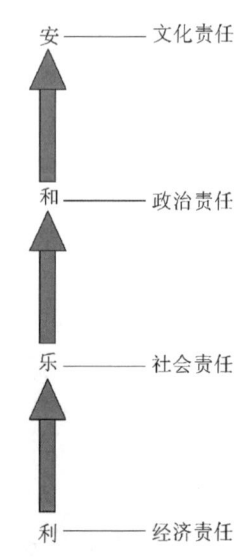

图10-7　不同层次代表不同责任

安天下的百姓。唯有以"安"为管理的最终目标，才符合中华文化的要求。中国式管理必须以安、和、乐、利为标准，才算是善尽文化责任。换句话说，只有切实做到安、和、乐、利，才是纯正的中国式管理。

管理者是否达成这一要求，可以从"是否活在众人的心中"查验出来。"为自己活"是"个人主义"自绝于他人的主张，充其量不过"独善其身"。"为别人活"是"集体主义"为他人自绝的想法，实在太委屈自己。中国人擅长"兼顾"，既然能够全方位思考，当然可以一方面为自己活，另一方面为别人活，走出一条"在群体中成就个体"的大道，不偏于己，也不偏于人。己安人亦安，既拥有个人的自由，又契合团体的需求。这样的理想，可以说是安、和、乐、利的具体表现。中国人主张"不忘本"，管理者必须把握自己文化的"根"，所以要冷静地检讨自己是否善尽文化责任，是否"活在员工心中"，是否切实做到安、和、乐、利。

第四节　由安员工而安顾客

真正的激励效果，应该是安顾客。因为顾客能安，自然爱用企业的产品，时时不忘称赞企业，从而使企业形成良好的口碑，这对企业有很大的助益。

顾客安或不安，取决于顾客的满意度，满意度越高，自然越能安。

顾客的满意度受到员工的满意度的影响。员工越满意，顾客也就跟着越满意。

由此可见，安顾客必先安员工。

在"变化多端""日新月异"的时代，经营事业，必须拥有因应环境的策略，以制造有利的条件，有效达成预期的目标。

所谓"策略"，便是"达到目标所采取的行动"。中国式的经营策略，自古以来，即为"安内攘外"，一方面内修政事，另一方面外攘夷狄。内外兼顾，才能够富国强兵。用今天的话来讲，叫作"内安员工，外安顾客"，如何内外俱安，成为企业主要的经营问题。

对外以"顾客第一"为最高指导原则，所有措施，必须达到"安顾客"的标准，务求让顾客满意。

对内以"员工第一"为最高考量标准，一切行为，莫不以"安员工"为准则，力求让员工满意。

如果内外碰在一起，追问究竟谁才是第一，这时候拿"兼顾并重"作为平衡的尺度，提出"顾客至上，员工第一"的口号，相信必定能内外皆大欢喜。

广义的顾客，必须扩展至客户、政府机关、新闻媒体及广大人民群众，才能够全面顾及而不致顾此失彼。安顾客的策略，主要有下述十大项目。

1. 合理承担社会责任，包括精神和物质两个层面。
2. 实施有效的管理，以增强社会各界人士对企业的信心。
3. 订立明确的目标，作为组织成员的努力方向。
4. 树立优良的组织形象，以获得社会各界的信任。

5. 扩大对社会的良性影响，以争取社会各界的欢迎。

6. 树立诚信的榜样，诚实地面对消费大众。

7. 预先宣布未来的变革，使大众得以顺势因应。

8. 善用有限资源，提高附加价值。

9. 促进社区发展，合理回馈所在的社区。

10. 发扬本土文化，使大众以中华文化为荣耀。

这十大项目统合起来，便是"正大光明"。以"正大光明"为经营策略，在不引人怀疑的大前提下，进行各种经营活动，便是大家心目当中的"做好事"，当然会普遍受到欢迎，不会引起顾客的不安。

广义的员工，同样应该扩展至股东、员工、供应商及销售人员，虽然他们立场各不相同，但是彼此利害相关，都希望获得真实的友谊与支持，来巩固自己的地位，并促进相关活动的有效实施，所以应该做到下述十大项目。

1. 建立合理的管理制度，确立人与人、事与事及人与事之间的规范，让合适的人办合理的事。

2. 采用人性化管理，依"情、理、法"的结构，先由情入理，不得已再依法办事。

3. 以忠诚的服务来提高组织的信誉，使组织成员认定"这是一个同甘苦、共患难、荣誉共享、责任分担、共存共荣、互利互助的利益共同体"。

4. 用和平的态度来以让代争，以礼让为先，合理地当仁不让，以期将事情让给最合理的人来办，避免恶性竞争。

5. 以维持彼此的安宁来增强大家的幸福感，明辨是非，还要进一步顾及每个人的面子；追求公平，也要乐于接受合理的不公平；相安无事，还能够亲密互助。组织温暖和睦，成员才能够在安宁中获得幸福。

6. 用适宜的行动表达个人的好意，也就是动机良好，同样要讲求合理的方法。如果采取的方法不合理，就会产生"不合理的好意"，必须极力避免。

7. 以合理的沟通实现有效的领导，在"思想会合"及"共同了解"的情况下，建立共识，以期组织成员群策群力，自动自发地向预定的目标积极迈进。

8. 善尽个人最低限度的义务，一是要自食其力，做好自己应该做的工作；二是必须小心警惕，不做破坏安宁的事，也不说破坏安宁的话；三是应该约束自己的言行，以免妨碍组织的正常运作与发展；四是必须时常反省，有过失马上改正，坚持不重复犯错；五是要把个人的欲望导入正途，不任其误入歧途；六是要力求充实自己的知识和技能，以提升自我。

9. 以民主参与的原则，依集体的意见来做决策，这种"团体决策"才能够集众智以为智，合群力以为力，提高组织成员的责任感、认同感和参与感。

10. 坚持"壮士断腕"的果断作风，对于"害群之马"，若是屡次劝告无效，组织就应该采取强有力的措施迫使其改正，如果仍然无效，则应该进一步"壮士断腕"，将其逐出团体。

以上十大项目综合起来，可以用"诚信和平"来概括总结。在不伤和气的大原则下明辨是非，才能够充分发挥"和为贵"的力量。

对外"做好事"，对内"和为贵"，是内外兼顾的主要经营策略。根据这种策略，要先进行组织体系的改革，包括新设、收买、合并、废止等，以求组织配合主要经营策略而脱胎换骨，焕然一新。

组织调整，必须分别从"事业""实力"和"成果"三方面来改造。"事业"是组织的生命，也就是提供让顾客满意的产品或服务；"实力"是组织的力量，包括人员和组织力；"成果"则是组织的血液，使组织得到补给而生生不息。

有生命，还要有力量，才能够从事必需的活动；能活动，还需要有持续不断的营养补给，才能够持久地运作。这三方面构成一个整体循环系统，在相互影响下不断地互动，产生若干变化。如果变化适宜，便是进步；如果变化不宜，即为退步。

互动的策略，不外乎"一方面调整过去的做法，另一方面适应未来的变化"，以求合理改变。这种种改变，一方面会带来若干机会，另一方面也免不了带来危险。当经营策略要付诸实施时，最好预先考虑：如何变化，才能切合时宜？什么时候变化，才算掌握良机？面对变化时，必须采取什么态度，才能够减少阻力而增加助力？因此，了解现况，仔细分析；预测未来，掌握可能的变化；充分沟通，以求密切合作，是经营策略有效实施的不二途径。

第五节　激励大家重视兼顾

激励的具体表现，莫过于升迁。

升官与发财，在中国人心目当中往往紧密相连，不可分割。

恭喜升官，是公开的明话；随之而来的发财，则是不明言的暗话，大家心知肚明。

中国人对于升迁的态度，大致是这样的：我不会强求，然而应该给我的，我一定当仁不让；我不来主动拜托，但希望你能够主动想起；我可以谢绝，但是你不能不考虑到我，否则我多么没有面子。我不一定要升迁，可是面子不能不顾。我不在乎将机会让给别人，但至少要给我应有的尊重，如果连这些基本的动作都没有，那未免欺人太甚，过分看不起我了。

升迁是可以"想"的，现代人喜欢做梦，"发财"往往被列为首选，随后好像就是"升迁"。历史的记载和现实中的种种现象都告诉大家"官久自富"，使人不得不相信"升迁也是一种致富之道"。

"想"了之后，若是期望"心想事成"，以下三个要诀，是有效的途径（见图10-8）。

第一，把自己的本职工作做好之后，找时间替上司分忧分劳。如果一个人只能把本职工作做好，根本没有多余的时间替上司分忧分劳，那么上司看在眼里，心里已经十分有数："这个人显然被现在的职务弄得精疲力竭，不可以再考虑让他升迁了。"

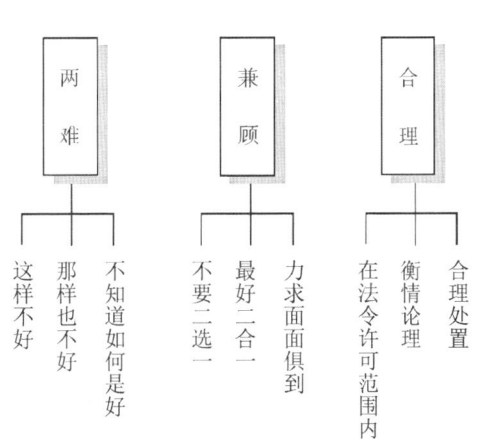

图10-8　中国式管理的三个要诀

两难：这样不好／那样也不好／不知道如何是好

兼顾：不要二选一／最好二合一／力求面面俱到

合理：在法令许可范围内／衡情论理／合理处置

一个人若是本职工作没有做好，却一天到晚跟在上司身边，问："有没有什么需要我帮忙的？"大家一定骂他"拍马屁"，而上司也觉得奇怪："不去做该做的事情，老在这里转来转去干什么？我若叫你帮忙，难道不担心你帮倒忙？"

本职工作做不好，还想替上司分忧分劳，是典型的小人行径，为君子所不齿。

本职工作做得好，却不知道替上司分忧分劳，是自断升迁的大道，不能责怪上司，而应自我检讨。

懂得"兼顾"的人，一方面能把本职工作做好，让上司从"放心"到"赏识"；另一方面会借着请示、报告、聊天的机会，为上司分忧分劳，暗示自己不但有余力可以办事，而且对他忠诚、关心，值得信任。

上司常常临时交给他办各种事务，逐渐建立信任。彼此的关系越拉越近，一旦出现升迁的机会，自然会优先考虑。

第二，善于体会上司的意图，帮助他正确决策。下属凡事都向上司请示，上司就会觉得这个人不是不喜欢思考，便是害怕负责任，用请示来把责任推给上司。而且凡事都请示是一种无能的表现，因为不懂得怎样做事的人才会处处有问题。可见经常请示的下属，升迁的机会并不多。

但口口声声"自己负责"的人，其实最令上司担心。上司会觉得"这个人目中无人，自视甚高，很容易出差错"，甚至认为"他擅自做主，表示心中根本没有上司的存在，既然他看不起我，我又何必照顾他"。这样的人常常会失去上司的信任，表面上看，好像上司患有"妒才症"，实际上是下属自己"功高震主"，当然难逃被边缘化的命运。

中国人"兼顾"的智慧，表现为"自己有把握，却尊重上司的裁决权"。事情我必须自己负责，但是事先要获得上司的许可。

脑袋空空便跑去请示，是开自己的玩笑，让上司看不起。有了主意就擅自做主，是忽视上司的裁决权，势必引起上司的不满和不安。如果想到好点子之后，带着方案去请示，先把自己的想法说出来，给上司提供思考的方向和判断的依据，并且尊重上司的裁决权，这时候上司不费吹灰之力，便能够做出正确的决策。上司很有面子，下属又容易执行，对大家都有很大的好处，这种人的升迁机会当然比较多。

第三，自己在上司面前表现，也要让自己的下属有机会充分发挥。一些人只注意自己在上司面前表现，不知道同时要把空间让出来，使自己的下属也有表现的机会，会导致下属对自己产生很大的不满，背地里讥讽自己"只做表面功夫"。

可是，在自己的上司面前让自己的下属表现，岂不是和自己过不去？会不会让上司认为自己的下属更加能干？哪天上司心血来潮，把下属提拔起来取代自己怎么办？

其实，这两种看似矛盾的情况，是可以"兼顾"的。一方面要让下属表现，让他有成就感，他才肯继续保持良好表现；另一方面也要保留自己表现的机会，让上司体认自己的能力，自己才有机会继续升迁。

最好的做法是和下属建立默契，采取"区隔"的策略：上司不在场时，尽量让下属表现，自己则扮演辅助者、评估者、激励者的角色；上司在场时，由自己来表现，希望下属提高忠诚度和配合度，全力证明自己的能力和魄力，才符合"养兵千日，用在一朝"的法则。平常时期，只要时间允许，尽量让下属去表现，在工作中提升下属的能力和信心；一旦时间紧迫，则挺身而出，身先士卒，做出有效的决策。

以上三个要诀，最重要的是"兼顾"，不仅要兼顾上下之间的关系，而且要兼顾左右之间的运作。上下左右面面俱到，助力多而阻力小，当然升迁有望，而且令人信服。

第六节　情境配合激励大家随机应变

中国式管理重视依理应变，要求时时向着合理变化。随机应变是人人必须掌握的关键能力，值得我们终身追求和练习。

要鼓励大家养成随机应变的好习惯，在升迁的时候，我们常常采取情境配合的方式，既不完全制度化，也不致自由到毫无章法。

我们常常把获得升迁的人称为"国王的人马"，表面上有恭维的意味，意思是"自己人，当然升迁得快些"，实际上是相当不满，甚至认为他们"升迁得毫无道理"。

为什么会感觉他们升迁得没有道理呢？因为大家看不出组织提拔人的任何原则，说不出升迁标准的所以然来。其实，这些都是随便说说的抱怨话，这种感觉真实的来源是"没有提名我，没有让我升迁，那就是不公平，当然毫无道理"。

被批评、受指责的主管们，丝毫没有羞惭的感觉，不但不承认什么"国王的人马"，而且认为自己对于升迁费了一番心思，动了一些脑筋，有原则，更有标准，最起码是"一片公心，毫无一己之私"，大家还抱怨什么呢？

上述情形，几乎是中国社会每一次新官上任时的写照，这种"几家欢乐几家愁"的场景，看起来既腐化又落伍。然而，几千年来这一现象丝毫没有改变，可见其背后必有强大的理由支撑，才能够历久常新，代代相传。

第一，升迁应该有原则，却不应该有固定的原则。董事长如果明确订立公司的升迁原则为内部升迁，马上就会引起自己人的自相残杀，最常见的情况是中上阶层员工联合起来，把最优秀的同事逼走。因为不把最优秀的同事逼走，这些人就永远没有升迁的希望。若是明确表示以外聘为原则，那么公司内部往往会团结起来拥戴自己的同事，联合抵抗外来的"空降部队"。中国人擅长"上有政策，下有对策"，所以不可以明确宣布升迁的原则或政策。

在中国古代封建王朝，汉族的传统是"传位于长子"，偏重年资而较少考虑能力，若是长子不贤明，朝政就一塌糊涂。满族秉持相反的观念，"传位于最有能力的儿子"，结果导致兄弟自相残杀。可见十全十美的原则实在难找。中国人重视"兼顾"，便是因为认识到所有原则几乎都有利有弊。

第二，升迁不应该有固定的原则，却又不能不订立一些原则。所有原则，都是不得已而订的。

升迁是"十目所视，十手所指"的事情，怎么能够"暗箱操作"，不透明化也不明确化呢？

不说原则，大家会认为"根本没有原则，完全按照个人的喜好"。虽然大家心里都很清楚：职位越高，越不敢拿自己的前途开玩笑，乱升迁、滥用自己人，不怕搬起石头砸自己的脚？然而，我们往往会取笑不说原则的人为没有原则，作为"没有获得升迁时""苦中作乐"的方式，彼此都轻松一些，何乐而不为？

一说出原则，大家就说它是"为某人量身定制的标准"，大家当然很不服气："这算什么原则？干脆指定人好了。"

"说也死，不说也死"，既然要担任主管，就要有勇气，有担当，所以干脆硬着头皮说一些好听的原则，反正"说归说，做归做"。

为什么一开始便抱持"说归说，做归做"呢？因为"任何原则，初听起来，都有一定的道理，只是不能太过强调，也就是不可以过分坚持，否则就会产生偏差，造成错误的结果"。

说到差不多的地步、做到差不多的程度，这才是良好的策略。好在中国的文字和语言的弹性很大，正好能满足这种需求。

主管所说的原则，受惠的人都认为够明确，而且坚持贯彻到底，一点儿也不含糊。没有获得好处的人，则挖苦：量身定制的"衣服"，当然合身。

严格评核起来，没有一个原则是百分之百被贯彻到底的，这也是"说归说，做归做"的另一种无可奈何的体现。自古以来，之所以一直说"清者自清，浊者自浊"，便是因为很难客观地判明事物到底是清是浊。

第三，升迁的原则，是配合当时的情境进行通盘的考虑，以摆平的心态，自行拿捏其中的利害。

这种实实在在的原则,叫人怎么说得出口?又如何能够公开化、透明化?可做、不可说,就是这种情况。

中国人向来主张"妥当性大于真实性",所以升迁的原则其实大家心知肚明,偏偏就是说不出来,因为它固然真实,却实在不能妥当地说清楚。

配合当时的情境当然很有必要,但是情境不仅是变动的,而且是相当主观的。有时候能力比较重要,有时候可靠性比较重要;有些人非酬谢不可,有些人则非惩罚不可。这些事情,不同人的看法本就不同,怎么能够明言呢?职位越高,所牵涉的情境越复杂,越说不清楚。

进行通盘考虑,也是主管居高位的一大难处。别人可以就此事论此事,主管则必须"把此事与彼事一并考虑"。职位越高,需要考虑的范围就越广,和中间或基层人员的看法当然也就不一样,因此考虑的结果也很难明白地与他人沟通。

"为什么把我换掉?我做错了什么?"问这话的人,固然理直气壮,因为他的确兢兢业业,十分努力。

"做得好的人不一定不换,做不好的人不一定马上撤换。"主管能说这种真实的话吗?能让下属明白这样才叫作通盘考虑吗?

很多人觉得中国人一直把"利害"放在前面,"道义"二字不过是说说罢了,其实不然。真正懂得利害的人,会根据中国人"安、和、乐、利"的道统,把利害放在安和乐的下面,以能安的利害为诉求,摒弃可能不安的利害,如此便利多于弊,近于合理。

升迁的原则本来就不是单一、固定的,必须配合情境的需要、全盘的要求。大家对主管的升迁原则,永远有褒有贬,主管必须站在"安人"的立场来考虑,经得起大家的考验。一阵子风风雨雨过后,终究会迎来风和日丽的好日子。

随机应变VS投机取巧

中国式管理的变动性很强,配合中国人喜欢变来变去的性格,形成了相当不确定的状态。很多人看不清楚其中关窍,误认为中国人缺乏原则、没有制度、不守法。

对中国人而言,变并不是问题,变或不变,要变或不要变,甚至应该变或不应该变，基本上都不是问题，不必花时间、费精力去研讨。我们只要从根本上关心怎么变，就可以抓住事情的核心。因为变不变不是问题，怎么变才是问题，这已经成为我们长久以来的共识。

怎么变呢？说起来只有两种不同的状态，那就是随机应变或投机取巧，这两种状态是变得合理与否的关键。

我们只能随机应变，千万不能投机取巧。偏偏这两种状态很难分辨。于是，很多中国人采取一种自以为是的态度来自我安慰：简单明了地把自己的所作所为通通视为随机应变，而将他人的所作所为都当作投机取巧来看待。我们十分不赞成这种态度，同时恳切希望大家务必将随机应变和投机取巧分辨清楚，唯有如此，方能把中国式管理的作用真正发挥出来。

分辨两种状态的关键，在于其动机是为公还是为私。为公而变，不害人利己，才是随机应变；为私而变，害人利己，即为投机取巧。

动机纯正与否，只有当事人自己知道，所以中国式管理以修己为起点。效果好不好，要看大家安不安，所以中国式管理以安人为最终目标。

结　语

看过中国式管理的理想和内涵，相信很多人会提出这样的疑问：为什么这样美好的设计，实际上并没有在中国被具体地实践？为什么很多中国人说得头头是道，却没有在行为上表现出来？是中国式管理太理想化了，实际上根本做不到，还是中国人口是心非，嘴上说着好，心里却不如是想？

不错，中国的历史治少乱多，但是深究其原因，并不是中国式管理窒碍难行，而是大家日用而不知，逐渐无法深入领会其设计和用意，以致实践效果不佳。于是，人们反而责怪中国古代圣哲所说的道理不够明确，也不切实际。唯有用心体认、真正了解中国固有的道理，才会明白"古圣先贤的话没有错，是用的人功夫不够，所以才做错了"。中华文化源远流长，历久弥新，当然有它独特的缘由，不容许轻易地加以诋毁。

20世纪70年代兴起的日本式管理，其实就是"以中国式管理的哲学来运用美国式管理的科学"所产生的一种管理方式。从唐朝以来，日本一直在学习中国式管理，后来又学习美国式管理，因而融合出举世瞩目的日本式管理。由于日本在第二次世界大战失败的废墟中创造出了惊人的经济奇迹，西方人便十分推崇日本式管理，这也是一种相当一时性的见解。

日本式管理有三大特性，分别为终身雇佣、年资序列及长时间工作。这三大特性固然源于中国的"长工""敬老"及"勤劳"的理念，却明显失去了中国的"变动性"，而形成"固定性"。

中国社会的"长工"并未形成一种制度，也不是双方都不得违反的契约，除了极少数人卖身为奴，大多数长工都是在"合则留，不合则去"的自由意志下，自愿如此，而不是受制于硬性规定。"敬老"并不意味着年资深的人就会优先升迁，而是需要综合多种因素进行考量。至于"勤劳"，固然是中国人的美德，但也应该适当地调节，中国职工很少像日本职工那样，花费那么长的时间在职场中。中国人做任何事情，都会预留相当大的弹性空间，可以随时调整而求制宜，不像日本人那样追求一致性，大家步调一样，谁也不能例外。

有趣的是，在美国人眼中，日本人很有弹性；而在日本人眼中，中国人更有弹性。因为美国人重法治、讲制度，大家明确游戏规则后，就一体遵行，共同执行，认为这十分自由。日本人服从性很强，上级的命令往往被置于法律规定之上，就算上级决策错误，大家也倾向于盲目遵从，以美国人守法的角度来看，日本人当然弹性比较大。中国人比较重视上级的命令是否合理，合理的命令当然要遵从，不合理的命令，则大多阳奉阴违。中国人有时候服从，有时候不服从，站在日本人必须服从的角度来评估，当然弹性更大。

日本式管理由于弹性很小，难以适应快速变迁的环境，在不久的将来很可能会消失。日本企业看到人力成本日益增加，逐渐将终身雇佣改为半终身雇佣，开始裁员。年资序列也受到美国式管理"能力本位"的影响，在组织提拔成员的考量因素中逐渐降低年资的占比，而提升能力的占比。长时间工作也因休闲越来越受重视而有退无进。只要终身雇佣、年资序列及长时间工作不再被坚持，日本式管理自然而然就不见了。

再看美国式管理，近年来不断推出权变理论、模糊理论，实际上已经暴露出过分没有弹性的科学管理或制度化管理不足以适应内外环境的快速变迁。站在中国人的角度，很容易看出美国式管理正快速地向中国式管理靠近，因为以权变、模糊的角度来看管理，正是中国式管理的精华所在。不同的是，美国人公开地求新求变，中国人暗地里求新求变，却在公开场合表示一切如旧，以减少抗拒和阻碍，这是中国人更高一层的功夫。

美国人的模糊和中国人的模糊比较起来，还是清楚得多，因为美国人讲求公开、透明、台面化，使得模糊相当困难。中国人则公开到把不公开的部分掩盖起来，透明到看不见不透明的程度，台面化的同时仍然保留某些台面下的动作，当然比美国式管理灵活、方便得多。

依据上述，就管理的发展来看，日本式管理和美国式管理都逐渐向中国式管理靠近，这是不是意味着21世纪将成为中国式管理的世纪？当然，这并不表示西方的管理即将被中国式管理取代，而是中国人开始以中国人的管理哲学来运用西方的管理科学，西方的管理思想也逐渐吸纳中国的管理智慧，使管理在全球化和本土化的互相激荡中，实现良好的融合。

我们之所以把中国式管理思想整理出版，是因为在全球化的趋势中，中国式管理已经不是中国人专有的文化财产。

首先，中国人及散居世界各地的华人，必须正本清源，重新了解自己的管理思想。就中国人而言，管理就是做人做事的道理，总觉得我们做了这么久中国人，应该十分了解才对，殊不知正是由于做了这么久中国人，身在庐山，不识庐山真面目。当局者迷，反而不如旁观者清。

其次，西方人在硬件统一全世界的今日，必须反思，为什么软件始终统一不了全世界？是不是由于包容性不足？特别是美国人，美国独立不过两百多年，有没有足够的融合力，能够把美国式的软件推广到全世界？

最后，我们必须面对一个现实，那就是"适者生存"将在很大程度上决定全球化的实现方式。在人类历史上，中国最早提出统一的概念，也最早以平天下为奋斗的目标，两千多年来，中国在此方面积累了许多宝贵的经验，适逢大家热情追求全球化的时刻，提供给大家参考，也请大家平心静气地进行一番思考，共同寻找21世纪的发展道路与方向。

后 记

中国式管理，其实就是合理化管理。管理必须合理化，原本是全世界共同追求的目标，但为什么会被称为中国式管理呢？我们提出三个理由，分别说明如下。

第一，全世界都追求管理合理化，但是各个地区所认定的合理标准并不一致。美国人发展出一套合理标准，运用在管理上，就成为美国式管理。日本人依据他们的合理标准，构成了日本式管理。我们中国人也有我们自己的合理标准，所以称为中国式管理。

第二，中国的"中"字，原本就含有合理的意思。自古以来，我们对"时中"便十分重视，希望能够时时刻刻都合理。中庸之道，更是以"无一事不合理"为努力的目标。从"有理走遍天下"可以看出，我们所倡导的合理标准最合乎人性的需求，能够放诸四海而皆准。

第三，风水轮流转，中国继英国、美国之后，有成为21世纪的世界中心的趋势。中华文化又将再度弘扬于世界，以中国式管理哲学来影响西方管理科学。当全世界都搞不清楚中国人怎样管理的时候，我们有义务把中国式管理好好地整理出来，供大家参考。一方面互相切磋，另一方面也力求使中国式管理更加合理。

20世纪50年代，美国式管理风靡全世界。20世纪70年代，日本式管理号称世界第一，创造了举世震惊的经济奇迹。20世纪70年代，实际上中国式管理的优势已经相当明显地表现出来。对此种情形，有人不肯承认，有人不敢承认，也有人看过中国式管理，却认为没有什么，殊不知就是因为没有什么，才会有什么，这正是中国人的高明之处。

中国人所擅长的是管理哲学，而不是管理科学。中国式管理，本来就是在中国式管理哲学的指导下妥善运用西方管理科学，将西方管理科学与我们自己的风土人情有效融合，自然有更好的效果。

近百年来，我们险些把自己的思想精华丢弃掉。现在，快要轮到我们中国人当家了，鉴于平天下的重责大任，更应该把中国式管理哲学这一宝藏发扬光大，使中国式管理早日成为"平天下"的宝典。我们永远是爱好和平的民族，修齐治平的大道，终究要靠我们来完成。

愿普天下的中华同胞，共勉之。